互联网时代大学生创业教育与价值观培育研究

何春燕 著

中国商业出版社

图书在版编目（CIP）数据

互联网时代大学生创业教育与价值观培育研究 / 何春燕著. -- 北京 : 中国商业出版社, 2022.11
ISBN 978-7-5208-2290-9

Ⅰ. ①互… Ⅱ. ①何… Ⅲ. ①大学生 – 创业 – 研究②大学生 – 社会主义核心价值观 – 研究 – 中国 Ⅳ. ①G647.38②G641

中国版本图书馆CIP数据核字(2022)第207270号

责任编辑：陈　皓
策划编辑：常　松

中国商业出版社出版发行
（www.zgsycb.com 100053 北京广安门内报国寺1号）
总编室：010-63180647 编辑室：010-83114579
发行部：010-83120835/8286
新华书店经销
定州启航印刷有限公司印刷
*
710 毫米 ×1000 毫米 16 开 11.25 印张 210 千字
2022 年 11 月第 1 版 2023 年 1 月第 1 次印刷
定价：68.00 元
* * * *
（如有印装质量问题可更换）

Preface 前言

大学生的就业问题一直是国家和社会关注的焦点。大学生的就业对国家安定、家庭生活和谐非常重要，因而国家适时提出了对大学生进行创业教育，鼓励大学生自主创业。社会主义核心价值观强调的不仅是对大学生意识形态方面的教育，也包括对大学生实践层面上的教育。

本书共分为七章。第一章为互联网时代概述，主要讲述了互联网的概念及发展历程，论述了互联网的内涵与特征。第二章为大学生创业教育的理论基础，主要论述了大学生创业教育的内容、方法和发展历程。第三章、第四章分别为互联网时代高校创业教育课程体系与实践教学体系，主要对高校创业教育课程的目标设置、体系建设策略、学科化发展趋向、体系构建等展开论述。第五章为互联网时代高校创新创业教育师资建设研究，主要论述了高校创新创业师资队伍的建设、建设策略与保障体系的构建。第六章为大学生社会主义核心价值观培育，主要从大学生核心价值观培育的目标、内容和意义三个方面展开论述。第七章为互联网时代创业价值观教育研究，主要论述了“互联网 +”时代下社会主义核心价值观教育的创新与发展，以及社会主义核心价值观与大学生创新创业教育之间的融合。

本书逻辑框架清楚分明，内容新颖，语言精练，结构布局合理，语言通俗易懂。但鉴于著者水平和经验的限制，书中出现错误或不当之处在所难免，恳请同行专家、学者予以批评指正，以便今后进一步修改和完善。

Contents 目　录

第一章　互联网时代概述

第一节　互联网的概念及发展历程

一、互联网及“互联网 +”的概念

（一）互联网的起源

互联网（Internet）又称国际网络，源于 1969 年美军牵头组建的阿帕（ARPA）网。阿帕网首先用于军事方面，后将美国西南部的加利福尼亚大学洛杉矶分校、斯坦福大学研究学院、加利福尼亚大学圣塔芭芭拉分校和犹他大学的四台主要的计算机连接起来。

另一个推动互联网发展的广域网是 NSF（美国国家科学基金会）网，它最初是由美国国家科学基金会资助建设的，目的是连接全美的五个超级计算机中心，供 100 多所美国大学共享它们的资源。NSF 网也像互联网一样采用 TCP/IP 协议，且与互联网相连。

搭建 ARPA 网和 NSF 网的主要目的是为用户提供共享大型主机的宝贵资源。随着接入主机数量的增加，越来越多的人把互联网作为通信和交流的工具。一些公司还陆续在互联网上开展了商业活动。随着互联网的商业化，其在通信、信息检索、客户服务等方面的巨大潜力被挖掘出来，使互联网的应用有了质的飞跃。互联网的快速发展为世界全球化提供了可能。

（二）互联网的概念

21 世纪是计算机网络的时代，网络可以将分散在各地的计算机紧密地连接

在一起，并完成资源共享、数据传输、实时通信等任务。共享的思想一直贯穿整个网络的发展历史，所以也可以说网络是指利用通信设备、线路连接设备和通信线路将分散在各地的具有自主功能的多个计算机系统连接起来，利用功能完善的网络软件（网络通信协议和网络操作系统等）实现资源共享和信息传递的系统。

互联网是由全世界千千万万台计算机通过TCP/IP协议相互连接而成的世界上最大的网络。这个网络还在不断地扩大，不仅新的计算机在持续接入，而且新的技术也在不断融入。简单地说，互联网是指“全球性的信息系统”，它是计算机技术与通信技术相结合的产物，是一个由无数局域网络连接起来的世界性信息传输电子网络。

（三）“互联网+”的界定

“互联网+”将互联网创新成果渗透到经济社会的各个行业和领域中，从而使生产力和生产效率都得到质的提升。它可以为实体经济的创新提供技术支持，促进以互联网为前提的经济社会发展新形态的建立。

“互联网+”是一种新的经济形态，它可以优化和集成生产各要素，并在经济社会的不同领域融入互联网的创新成果，可使实体经济的创新力和生产力得到较大的提升，并促进以互联网为前提的经济发展新形态的建设。①

企业界对“互联网+”也有一些具有代表性的定义。例如，腾讯创办人之一马化腾在《关于以“互联网+”为驱动推进我国经济社会创新发展的建议》中提出：“‘互联网+’是以互联网平台为基础，利用信息通信技术与各行各业的跨界融合。推动产业转型升级，并不断创造出新产品、新业务与新模式，构建链接一切的新生态，大力促进着我国经济社会的发展。”

2015年3月12日，阿里研究院发布的《“互联网+”研究报告》提出：“所谓‘互联网+’就是指，以互联网为主的一整套信息技术（包括移动互联网、云计算、大数据技术等）在经济、社会生活各部门的扩散、应用过程。”其在内涵上根本区别于传统意义上的信息化，而是重新定义了信息化。“互联网+”可以有效地推进传统产业的在线化和数据化进程，只有将互联网作为基础设施和实现工具进行广泛普及，才能将其优化和集成生产要素的优势充分彰显出

① 曹丽燕，张波，陈丝妮．“互联网+”背景下创新创业路径研究[J]. 科教导刊，2019(36)：121-122.

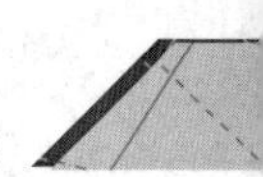

来，并在经济社会的各个领域中更好地融合互联网的创新成果和创新优势。它是以信息经济为主流的经济模式，是“创新 2.0”下的互联网与传统行业融合发展的新形态、新业态。综合上述定义，我们可以将“互联网 +”定义为：它是互联网思维的实践化，是在经济社会各领域中融入互联网的创新成果，能够推动传统行业与互联网的深度融合和相互渗透；它是建立在信息通信技术基础之上的，能够引起传统经济社会的全面变革。“互联网 +”带动了生产效率的提升、生产技术的进步以及经济组织形式的变革，使实体经济的生产力和创新力都得到有效提升，从而促进经济社会发展新形态的构建。

（四）对“互联网 +”的理解

我们可以将“互联网 +”的内涵看成“互联网 + 传统行业”，也就是在传统行业的基础上融合信息通信技术和互联网平台，并以此进行经济社会新形态的构建。“+”是一种联合和结合的含义。因此“互联网 +”由两个因素所构成：一个是互联网，另一个是其他传统产业。它是为不同产业发展所制订的行之有效的计划，而完成这一计划的重要手段是结合传统产业与互联网的各自优势和作用。而且“互联网 +”概念具有整体性特征，它的目标是促进传统产业的升级和换代，并在传统产业中结合平等、开放和互动的互联网特征以及在大数据的分析和整合作用下形成清晰的供需关系，从而促进传统产业的产业结构以及生产方式的变革，为经济发展提供新的机遇和动力，为国民经济的健康、快速发展保驾护航。要正确理解“互联网 +”必须对以下四点有清醒的认识。

1. 避免把“互联网 +”仅仅看作一个工具

要正确理解“互联网 +”，一定要走出狭义的工具论误区。生态性是“互联网 +”不可缺少的一个重要因素，它是建立在互联网技术和互联网平台的基础之上并通过渗透到传统行业中发挥作用，从而促进新的价值与新的发展生态形成和发展的。“互联网 +”代表一种新的经济形态，它将起到改造传统行业业务模式、创新传统经营理念、提升实体经济创新力和生产力的重要作用，并促进经济社会发展新形态的建立。

2. 人人“互联网 +”的观点

“互联网 +”时代的到来，使每个人都有一个“互联网 +”的梦想。任何网民的时间、空间、生活、关系、职业、行业等现实世界的一切与网络世界不可分割地成为一个整体。每个人都可以对“互联网 +”给出自己的定义并进行解读。重要的是，在“互联网 +”这个潮流中，每个人应积极拥抱“互联网 +”，主动适应“互联网 +”的改变，主动运用“互联网 +”改变自己、改变社会。

3.“互联网 +”不仅仅是连接，更是跨界融合

“互联网 +”的特质是“跨界融合，连接一切”。如果连接一切代表了“互联网 +”和这个时代的未来，那么跨界融合是“互联网 +”现在要真真切切发生的事情。

4. 用生态、联系的观点看待和解读“互联网 +”

“互联网 +”是一个重要的生态体系，因此我们在认识和了解它时要从其全局性、系统性和协同性出发。“互联网 +”可以联系任何一个传统行业，如教育、医疗、社区、物流、交通、金融等，但是要想全面认识“互联网 +”，并非将两者简单相加就可以，而应该在信息通信技术和互联网平台的基础上融合传统行业和互联网，从而创造新的发展生态。

“互联网 +”综合运用互联网平台和互联网技术，融合互联网和传统行业，能够提高生产效率和生产力，从而促进新的价值和新的发展生态的形成。开放自由的互联网思想是“互联网 +”产生的前提和基础。“互联网 +”将对人类的产业运行模式、社会发展形态和个人生活模式的变革产生重要影响，也是中国工业化转型时期的重要产物，将对传统制造业、服务业、金融业和物流业的发展提供新的增长动力，促进其升级换代。

“互联网 +”代表一种全新的经济形态，它将促进传统行业模式的创新、生产要素配置的优化、实体经济创新力和生产力的提升以及经营理念的创新，将为经济发展创造新的增长点。

二、互联网的发展历程

（一）世界互联网的发展历程

世界互联网的发展迄今为止经历了四个阶段：1969—1985 年为初步形成阶段；1985—1995 年为渐进发展阶段；1995—2003 年为规模高速扩张阶段；2003 年至今为交互式发展和网络传播发展阶段（网络传播发展呈现两大方向：在“网内”实现 Web2.0 式传播，在“网外”呈现媒体融合状态）。

1. 第一阶段（1969—1985 年）

1958 年，美国国防部成立了“国防高级研究项目署”，其目的之一就是建立一个全球高级情报传输系统。工程指导思想是网络必须经受故障的考验而维持正常的工作，一旦发生战争，网络的某一部分因遭受攻击而失去工作能力

时，其他部分应能维持正常的通信工作，全网没有控制中心，信息自由流通。

1969 年 11 月 21 日，国防高级研究项目署建成了第一个网络，取名阿帕网（ARPAnet）。这个网络只有两个节点，同年 12 月 5 日网络节点增加到四个。此后阿帕网快速发展，到 1981 年节点就增加至 213 个。

1977—1979 年，阿帕网推出了目前形式的 TCP/IP 体系结构和协议。1980 年前后，阿帕网上的所有计算机开始了 TCP/IP 协议的转换工作，并以阿帕网为主干网建立了初期的互联网。1981 年，美国计算机网络的网上消息栏首次使用。1983 年，阿帕网上的全部计算机完成了向 TCP/IP 的转换。

早期，阿帕网虽然在美国本土不断扩大，但与美国之外的网络系统没有连接。欧洲的科研人员开发出联合学术网（JANET）等网络，经过一段时间的磨合，1984 年与美国阿帕网接通。

2. 第二阶段（1985—1995 年）

1985 年，美国国家科学基金会（NSF）采用 TCP/IP 协议将分布在美国各地的六个为科研教育服务的超级计算机中心互相连接，并支持地区网络，形成国家科学基金会网（NSFnet）。1986 年，国家科学基金会网替代阿帕网成为互联网的主干网，“Internet”正式使用。1988 年，互联网开始对外开放，结束了仅供计算机研究人员和政府机构使用的历史。1989 年，互联网开始商业用途，一批提供上网服务的公司应运而生。

1989 年，当时英国科学家蒂姆·伯纳斯·李（Tim Berners-Lee）和比利时人罗伯特·凯利奥（Robert Calliau）在欧洲粒子物理研究所（CERN）提议和构造了在互联网上使用超文本发布、分享和管理信息的方法。这是一个相互连接在一起、通过网络浏览器访问的超文本文档系统。浏览器里看到的网页可能包含文本、图像以及其他的多媒体，通过文档之间的超链接，可以从一个网页浏览到其他网页。同年，美国国家超级计算机应用中心（NCSA）发明了一种超文本（hypertext）的浏览器，为在互联网上查询、浏览各种信息提供了有效的手段，这就是人们现在很熟悉的万维网（world wide web）。

1990 年，万维网开始在全世界普及。万维网的功能具有两大特点：一是突破了平面文字的限制，可展现图形、动画、声音、影像等，成为令人耳目一新的多媒体信息网络；二是采用了超文本链接技术，这是一种有关采集、储存、管理、浏览离散信息，建立和表示信息之间关系的技术，任何超文本系统都是由存放信息的节点和表示信息之间关系的链组成的。

1991年6月，商业用户首次超过了学术界用户，这是网络发展史上的一个里程碑。在这个时期，大批商业机构开始在互联网络上刊登网页广告，提供各种信息。互联网的用户也不再局限于高校师生和计算机行业的工作人员，互联网真正走入社会。各种传统的大众传媒开始与互联网相融合，开辟了传播的新纪元。

3. 第三阶段（1995—2003年）

1995年以后，互联网的发展已到了第三阶段，也可称为大规模的国际互联网络阶段，网络传播以其巨大的传播优势向传统的传播媒介和传播方式发起了挑战。从1995年5月开始，多年资助互联网研究开发的美国国家科学基金会（NSF）宣布退出互联网，把网络经营权转交给美国三家最大的私营电信公司（Sprint、MCI和ANS），这是互联网发展史上的重大转折。美国的网络发展从此进入了产业化运营和商业化应用阶段。

这一阶段互联网高速发展态势具体表现在三个方面：一是个人电脑迅速普及，二是电子商务蓬勃发展，三是网络媒体功能凸显。

4. 第四阶段（2003年至今）

从互联网自身的应用层面上看，2003年之后被称为"Web2.0时代"，在此之前的网络应用方式被称为"Web1.0"。Web1.0的主要特点在于用户通过浏览器获取信息，Web2.0则更注重用户的交互作用，用户既是网站内容的消费者，也是网站内容的制造者。互联网进入"网商"时代，随着电脑、智能手机走入千家万户，网络正在或者已经改变人们的生活、学习、工作等。

Web 2.0的概念源自2004年3月美国O'Reilly公司和MediaLive公司的一次头脑风暴会议。O' Reilly公司副总裁戴尔·多尔蒂（Dale Dougerty）在会议上指出：互联网比其他任何时候都更重要，令人激动的新应用程序和网站正在以令人惊讶的规律性涌现出来，那些幸免于网络泡沫的公司，其模式都具有相似性，互联网正在经历一种新的变革。在分析了这些新技术与新型网站的模式后，戴尔·多尔蒂与公司总裁蒂姆（Tim O'Reilly）创造性地提出了Web2.0的概念。

"媒介融合"（Media Convergence）概念始于20世纪80年代的美国，最早由马萨诸塞州理工大学浦尔教授提出，其本义是指各种媒介呈现出多功能一体化的趋势。美国新闻学会媒介研究中心主任安德鲁·纳齐森（Andrew Nachison）将媒介融合定义为"印刷的、音频的、视频的、互动性数字媒体组

织之间的战略的、操作的、文化的联盟”。2003 年，美国西北大学教授戈登归纳了美国当时存在的五种“媒介融合”的类型：技术融合、产品融合、业务融合、市场融合和组织融合。

（二）中国互联网的运用与发展

目前，随着改革开放和经济社会的发展，中国互联网经济发展迅速，逐步走向多元，并已经形成了一条完整的产业链。在整个互联网市场走向多元的同时，也在不断地改变人们的日常生活，特别是对大家的基本生活、工作和其他模式产生了较大的影响。中国互联网络信息中心（CNNIC）在京发布的第 50 次《中国互联网络发展状况统计报告》显示，截至 2022 年 6 月，我国网民规模为 10.51 亿，互联网普及率达 74.4%。不管是从网络普及率还是人数来看，中国互联网行业都已经出现新的增长和变化。

中国互联网经济得到快速增长。其中，移动互联网市场的增长主要源于传统电商企业快速拓展移动业务以及移动支付的快速推进；电子商务市场稳定态势的保持主要源于网络购物和旅行预订市场的持续增长；广告主网络广告投放比重持续增加，助推整体网络广告市场保持稳定上扬态势；而由于网游用户付费市场接近饱和，网络游戏市场规模增长逐步趋向平缓。在互联网产业及中国经济发展向好的预期下，互联网企业再现上市潮。

以 2010 年为起点，中国互联网公司逐步赴海外上市，上市的地点以美国的纽交所为主。互联网企业迅速发展的背后，既是人们不断追求新的突破和机会的一种有效展示，也是大家对中国互联网市场看好的一种体现。很多投资人购买这些互联网公司的股票，也是基于对中国经济的看好。在互联网繁荣的背景下，泡沫逐渐出现，企业只有不断地创新和提升，才能取得新的突破和发展。

三、互联网时代及其特点

（一）设备变化明显

目前，人们喜欢用手机上网，同时在移动终端的时长也超过了 PC 端，这说明移动互联网发展进入了一个新的阶段，人们上网的设备产品也发生了变化。截至 2022 年 6 月，网民使用手机上网的比例达 99.6%，手机作为第一大上网终端设备的基本优势和相应地位更加巩固。大家利用手机满足自己的娱乐需求、生活需求、支付需求、社会需求、工作需求，这种设备的改变带动了整体互联网各类移动端应用的发展。

（二）全民互联网化

互联网发展从最开始的个体到群体，最终到全民参与，从基本的浅层走向了深度发展，这是对整个互联网市场利好的现象，也标志人们的生活被逐步互联网化。在以电子商务、移动支付和场景消费为主的时代，支付应用在整体上和手机端都成为增长最快的应用。根据中国人民银行的数据，中国移动网络支付交易额由 2017 年的 202.93 万亿元增长至 2020 年的 432.16 万亿元，年均复合增长率为 28.66%，预计 2022 年中国移动支付市场交易额将达到 715.34 万亿元。这种消费场景和移动支付的运用（如账单功能）让相关的产业得以快速发展，互联网时代的产业和人们的消费习惯有密切的关系，人们利用手机购物、看电影或者出游的增长率得到了大幅提升。

还需要特别注意的一个现象是，手机直播类软件的出现带动了整个互联网经济市场的发展。网络直播市场的用户使用率开始上升。截至 2022 年 6 月，中国网络直播用户规模达 7.16 亿，较 2021 年 12 月增长 1290 万，占网民整体的 68.1%。这样的增长态势是十分明显的。此外，手机移动用户在游戏领域也出现了大幅增长，这让人们越来越对互联网有所期待，手机游戏的增长为整体游戏用户的增长提供了动力；在投资理财领域，人们对投资的兴趣爱好也开始不断地增加，整个市场的用户规模在上升，投资成本还可以逐步降低，这也是互联网给金融产业带来的巨大变化之一。金融模式以创新为基础，以改革为后盾，为人们提供了良好的投资理财机会。

在移动互联网出现之前，人们在线网络交流的使用率是不断下降的，而随着经济的发展和进步，人们利用手机终端进行社交的方式也越来越普遍，社交元素与其他应用的融合已成常态。由于社交类应用更新迅速，对单纯社交网站的用户产生了较大分流。这说明移动互联网已经和社会融为一体，成为人们生活中不可或缺的一部分。

第二节 互联网的内涵与特征

一、互联网的内涵

在英语中，“Inter”的含义是“交互的”，“net”是指“网络”。简单地讲，Internet 是一个计算机交互网络，又称网间网。它是一个全球性的巨大的计算机网络体系，把全球数万个计算机网络、数千万台主机连接起来，包含了难以计数的信息资源，向全世界提供信息服务。它的出现是世界由工业化走向信息化的必然和象征。但这并不是对互联网的一种定义，仅仅是对它的一种解释。从网络通信的角度来看，互联网是一个以 TCP/IP 网络协议连接各个国家、各个地区、各个机构的计算机网络的数据通信网。从信息资源的角度来看，互联网是一个集各个部门、各个领域的各种信息资源为一体，供网上用户共享的信息资源网。今天的互联网已经远远超过了一个网络的含义，它是一个信息社会的缩影，是指集通信网络、计算机、数据库以及日用电子产品于一体的电子信息交换系统。它的定义应从通信协议、物理连接、资源共享、相互联系、相互通信等角度综合加以考虑。

一般认为，互联网的定义至少包含以下三个方面的内容：互联网是一个基于 TCP/IP 协议簇的国际互联网络；互联网是一个网络用户的团体，用户使用网络资源，也为该网络的发展壮大贡献力量；互联网是所有可被访问和利用的信息资源的集合。

二、互联网的特征

（一）开放性与隐秘性

网络信息的传播无国家和地域的约束，人们不受时空的限制自由交往，由此，各种不同的价值取向、思想观念、宗教信仰、风俗习惯和生活方式等的冲撞与融合也成为可能和必须面对的事实。网络是一个极其开阔也极其自由的空间，其传播方式是完全开放的。传统的传播需要特定的物质条件，有着固定的地点和活动空间，受到一定的法律和规则的制约，具有公开性和可管理性。但网络传播则既可以是群体的，也可以是个体的；既可以是公开合法的存在，也可以是隐蔽游动式的存在；既可以是专业的，也可以是非专业的。网络的这种开放性和隐秘性，给信息本身的管理、控制带来新的课题。

（二）自由性与虚拟性

人们在网上可以自由选择信息，下载、发布信息，不必面对面直接打交道，没有时间上和空间上的局限。在网上虚拟社会为人们提供了一个“自由时空”，网络社会以虚拟实在和虚拟空间为基本的技术支撑。在现实生活中，那些备受关注的特征，诸如性别、年龄、相貌、身份等都能借助虚拟网络得到隐匿和窜改，人们的行为变得“虚拟化”和“非实体化”。

（三）广泛性与复杂性

网络深刻地影响着我们的衣食住行、政治经济、文化教育等各个生活领域，如电子购物、电子商业、电子教室、电子论坛、电子会议等网络应用皆已出现，网络招生也在全国全面展开，网络的影响已无处不在。互联网上的信息往往鱼目混珠，既有健康有益的内容，又有垃圾信息，对涉世不深的大学生来说，极易受到影响和腐蚀，从而影响其正确的价值观和生活方式的确立。

第三节　互联网与创业

一、“互联网＋”与创业的认识

随着互联网技术的发展，传统行业和产业不断转型升级，创新创业同样不能避免受到影响。

“互联网＋”是对新一代信息技术与创新 2.0 相互作用共同演化推进经济社会发展新形态的高度概括。在 2012 年 11 月 14 日的易观第五届移动互联网博览会上，易观国际董事长兼首席执行官于扬先生首次提出“互联网＋”理念。他认为，所有的传统的产品和服务都应该被互联网改变。创业公司必须找到自己所在行业的“互联网＋”，在为用户创造价值的同时成就公司价值。“互联网＋”应该是我们所在的行业目前的产品和服务在与我们未来看到的多屏全网跨平台用户场景结合之后产生的一种化学公式。

“互联网＋”的实质是信息化和工业化的相互融合，用信息化带动工业化。互联网作为核心和引擎，促进工业、农业、服务业各方面进行创新发展，是现代社会经济发展的主流模式。所谓“互联网 +”是指以互联网尤其是移动互联网为主的一整套信息技术(包括互联网、移动互联网、大数据、云计算技术等)作为基础，把这一整套技术在政治、经济、社会生活等所有部门进行扩散和应用，进而不断展示和释放出数据流动性的过程。“互联网 +”的模式不仅是和传统产业相结合，同时也是资源共享和发展成果。它以信息技术为基础，将生产资料、生产技术、生产成果有效地结合起来，为所有需要的人所用，极大地提高了生产效率，给人们的生活带来更新、更有意义的变化。对创业者来说，如何掌握这一路径，将自己的创业理想和“互联网 +”联系起来显得至关重要。

2015 年 7 月，国务院印发《关于积极推进“互联网 +”行动的指导意见》，明确了推进“互联网 +”、促进创业创新、协同制造、现代农业、智慧能源、普惠金融、公共服务、高效物流、电子商务、便捷交通、绿色生态、人工智能等若干能形成新产业模式的重点领域发展目标任务，并确定了相关支持措施。至 2018 年，互联网与经济社会各领域的融合发展进一步深化，基于互联网的新业态成为新的经济增长动力，互联网支撑“大众创业、万众创新”的作用进一步增强，互联网成为提供公共服务的重要手段，网络经济与实体经济协同互动的发展格局基本形成。

在“互联网 +”时代，创业变成了一项高技术、高水平、高发展的系统工程。自从互联网兴起以来，以前所未有的速度掀开了创业的变革。互联网解决了地域问题，解决了沟通交流问题，解决了信息差问题，解决了经营成本问题，解决了企业形象和宣传推广难题，而这些都大大降低了创业企业的经营成本。过去可能需要几十年甚至上百年才能打造出的商业巨头，现在依托互联网可能只需要几年的时间。共享经济中的共享单车等也是依托互联网崛起的，想要在互联网行业成功创业，最重要的是有想法和抢占先机。所以，越来越多的大学生选择让互联网作为技术平台，通过对传统行业的互联网“升级”，让互联网介入相关产品和服务，在产品说明、价值呈现、服务介绍、技术应用等方面向客户提供服务，从而赚取利润。

在经济新常态下，坚持就业优先、以创业带动就业不仅是解决大学生就业的有效途径，而且是实现“大众创业、万众创新”，带动中国新一轮发展的新引擎。目前，互联网技术已进入社会经济发展的方方面面，大学生应充分利用互联网，将自己在信息技术方面的优势转化为创新创业优势，以“互联网 +”思维带动成功创业。

当然，在互联网时代创业也并非轻而易举。在互联网时代进行创新创业，需要具备互联网思维。互联网思维是实事求是的，也是跳跃式的思维。互联网时代进行创新创业，只有具有逆反式的创新思维，才能够洞悉瞬息万变的商机，以便适应不断变化的市场环境。在互联网时代进行创新创业，并不是完全抛弃传统产业与技术技能，而是要借助互联网，在传统产业上有所突破。在互联网时代进行创新创业，要对创业目标进行明确的细分，选择一个自己熟悉的细分行业才有足够的优势。互联网时代，是一个强调个性化的消费时代，创新创业者要形成技术优势，才能实现创业成功。互联网时代进行创新创业，在埋头奋斗的同时，也要关心国家的方针政策，选择对自己最有利的创新创业社会经济环境。

二、互联网与创业的时代背景

（一）世界经济步入大数据时代

从 2012 年开始，大数据以及大数据时代等概念进入人们的生活，成为备受关注的经济话题。

所谓大数据时代，是指随着互联网的发展和云计算的产生，数据渗透到当今世界的每一个行业和业务职能领域，已经成为重要的生产要素。哈佛大学教授加里·金曾经说过，庞大的数据资源使不同的领域开始了量化进程，无论是学术界、商界还是政府机关，所有领域都开始了这一进程，人们对海量数据的挖掘和应用预示着新一波生产率增长和消费者盈余浪潮的到来。大数据时代给创业带来哪些影响呢?

首先，数据挖掘和应用本身就成为创业的重要领域。例如，阿里巴巴集团在经营淘宝、天猫等网络交易平台，支持众多中小企业完成网上交易的过程中，也积累了大量消费者信息数据，对这些数据的挖掘成为重要的新型商业领域。为此，阿里巴巴集团于 2012 年 7 月宣布设立首席数据官，专职负责推进数据平台分享战略。

其次，重视商业数据的积累成为创业企业获得核心竞争优势的重要内容。由于数据成为重要的生产要素，现代经济的很多规律均体现在庞大的商业数据之中，如果不掌握这些数据，最终将难以获得核心技术知识，进而失去核心竞争力。例如，汽车行业关于汽车设计的相关数据等集聚在一定的数字化平台上，如果一个汽车企业只进行汽车生产制造，而不做产品研发设计，就不可能

集聚数字化平台数据，最终将被限定在制造领域。因而，未来国际创业环境中具有决定性作用的不是生产什么样的产品、提供什么样的服务，而是有关生产与服务的数据集聚在哪里。因而，飞机、汽车等装备制造领域的开发试验工具系统，制药领域的化合物筛选装备及模型、网络交易系统等数据集聚载体将成为当代国际创业环境中重要的创业平台。

（二）互联网成为国际创业环境中最重要的物理支撑

网络在其应用于社会近 20 年的时间里，对人类社会的生产及生活方式产生了重大影响。然而，这种影响还远远没有结束，特别是随着移动互联网的快速发展，网络化仍然在以飞快的速度向更多经济领域拓展，成为影响创业的重要因素。

首先，网络在实体经济领域的拓展性应用，成为当今创业的重要领域。除了我们已经熟知的网络销售、网络书店等业务外，一些传统服务领域辅之以网络也实现了升级和发展。如上海某家公司借助互联网平台，从一个平台制造企业成功转型为一个云计算服务型企业。

其次，网络技术本身的不断发展和升级，开辟了许多新的创业空间。互联网，特别是移动互联网将成为当代国际创业环境中重要的物理支撑，哪里网络发达，哪里就将成为创业最为肥沃的土壤，哪里就将孕育更多的企业。

第二章　大学生创业教育的理论基础

第一节　大学生创业教育

一、创业

（一）创业的概念

“创业”一词由“创”和“业”组成，“创”是开拓、创新的意思，“业”有基业、事业之义。中国古代有许多对“创业”一词的描述，如诸葛亮在《出师表》中有“先帝创业未半而中道崩殂”之语，出师表中的“创业”既是帝王之业，也是家国之业。再如《资治通鉴·唐纪》中“然创业之难，既已往矣；守成之难，方当与诸公慎之”，其中的“创业”之义为“创立国家基业”。虽然“创业”一词出现的时间较早，但在我国历史上的各个时期人们对创业的认知又各不相同。《现代汉语词典》对“创业”的解释为“开创事业”。从一般理解来看，创业有广义和狭义之分。广义的创业泛指人们以开创性的行为推动事业发展的活动过程，即创立一份事业的活动。而狭义的创业是指创立新企业的过程，即通过新产品、新服务创造新价值的商业活动过程。本书探讨的是狭义的创业，也就是创业者通过发现机会，结合可用资源设计、创造产品与服务，依托时间消耗，付出智力、体力并承担相应的财务风险，获得相应物质回报，实现自我价值的商业活动过程。从这个角度讲，创业也是一种劳动方式。创业作为一个独特领域在20世纪80年代就受到了学者们的广泛关注，国内外的学者对此展开了相应的研究。由于研究的角度不同，他们给出的概念释义也

不同，关于创业的内涵，一般包括创新说、机会价值说、生涯说等。现代管理学之父彼得·德鲁克（Peter Drucker）在《创业精神与创新》一书中提出，创业者通过发现和追求机遇实现创新，这就是创业形成的过程，创业不但为创业者创造了财富，还为整个社会创造了财富。彼得·德鲁克从创新说视角探讨了创业的基本概念，认为创新赋予了创业新的能力，使之成为创造财富的活动。① 创业教育之父杰弗里·蒂蒙斯、小斯蒂芬·斯皮内利在《创业学》中将创业看作一种机会驱动行为，认为创业是一种思考、推理与运气相结合的行为方式，创业者需要有很好的机会和运气，通过自身努力、付出时间和精力、承担财务风险和社会压力，只有这样才能带来财富，实现经济的独立和个人的价值实现，即创业活动是建立在运气和机会基础之上的，是机会、利益、方法的平衡过程。② 侯文华在《大学生创新创业教育教程》一书中认为，创业是资源整合、机会发现、创业者联合的创新型活动，是新公司或新组织创建的过程，可分为生存型创业和机会型创业两种类型。③ 宋克勤在《关于创业团队问题的思考》一文中认为，创业是基于共同奋斗理念、共同价值目标的创业团队创造价值的过程。由此看来，由于研究视角和关注度各不相同，学者们对创业的概念界定也不相同，至今也没有形成统一的内涵共识，但这丝毫没有影响学者们对创业的研究热情。④

（二）创业的基本特征

1. 社会性特征

所谓社会性特征，是指任何一种创业都是在一定的社会环境下开展的活动，并且这种活动最终都会对社会产生一定的影响。离开社会环境，创业活动就是无源之水、无本之木。创业者不可避免地要受到历史、时代、文化、社会等背景的影响。创业者因其所在区域经济发展程度的不同、产业结构的不同、市场环境的不同，使相同的人力、物力、财力投入有不同的产出。这说明创业的社会性与创业主体之间是相互依存、相互促进、相互联系的。创业的本质属性是创新，这就意味着创业带来的产品、服务、技术等的创新不仅推动了技术

---

① 彼得·德鲁克．创业精神与创新[M]．柯政，译．北京：工人出版社，1989：59.

② 杰弗里·蒂蒙斯，小斯蒂芬·斯皮内利．创业学[M]．周伟民，吕长春，译．北京：人民邮电出版社，2005：49.

③ 侯文华．大学生创新创业教育教程[M]．北京：科学出版社，2012：75.

④ 宋克勤．关于创业团队问题的思考[J]．经济与管理研究，2004（2）：54-56.

和经济社会的发展和进步，也促进了社会供给和就业机会的增加，进而使创业过程产生的结果与社会形成强烈的互动。创业的社会性特征决定了创业的范畴和性质。只有对经济社会发展产生促进作用的创业活动才是我们所谈的创业，那些对社会无益甚至产生危害的活动过程则不属于创业。

2. 创新性特征

熊彼特认为，创新是创业的最大特征。创新是创业过程的灵魂，没有创新的创业是没有生命力的。创业的过程就是不断改变和拓展对客观世界的认知与行为的动态活动本身，结果是在社会的具体环境中通过运用自己的智慧和知识，敏锐地发现新事物、机智地研究新问题、理智地解决新矛盾、开拓性地产生新思想和新思路，创造出对社会文明进步有积极促进作用的物质成果或精神成果。

创新是一个民族进步的灵魂，是国家兴旺发达的不竭动力。《中共中央国务院关于进一步加强人才工作的决定》中着重提出："重点培养人的学习能力、实践能力，着力提高人的创新能力。"

创新已成为一个国家和地区发达程度的重要标志和决定性因素。创新可分为狭义上的创新和广义上的创新。所谓狭义上的创新，是指创业中的创新成果对全人类和全社会来说都是新的、有价值和独创的，如爱因斯坦提出的相对论、爱迪生发明的电灯、牛顿发现的力学定律、中国古代的四大发明等。所谓广义上的创新，是指某一创新成果仅仅对于某一个特定的范围来说是一种创新，而在更大的范围内则不一定是新的东西。

根据创新程度的不同，人们在创业过程中所创造的成果大致可以分为发现、发明和发展三大类。发现（discovery）是对客观事物自身状况及规律的认识有新的突破，是一个由实践到理论的转化过程。在科学领域，它主要解决"是什么"（what）、"为什么"（why）、"是与否"（whether）的问题，其结果称为科学发现，人们在创业过程中取得的某些精神成果往往属于这一类。发明（innovation）是在发现的基础上按一定的目的进一步调整客观对象，从而获得新的事物、状况、结果和方法的过程。在技术领域，它主要解决"做什么"（ what to do）、"怎么做"（how to do）的问题，其结果称为技术发明。这主要是指人们在创业过程中从事物质产品生产所取得的创新成果。发展（development）是指相对于事物的原有状态有所促进和提高。根据其成果的新颖程度又可分为三种情况：其是前人或今人所未曾有过的，称为狭义的创造；

其是在已有创造的基础上进一步改变和更新或者将某一领域的创造成果移植于另一新的领域，称为改造；其创造和进步程度不如改造的，称为改进。这是一个指代范围很广的创新概念，它不仅包括某一具体的创新性物质产品或精神产品，还常常指代某一项事业或宏观事物的变革状态。

3. 风险性特征

创业是创业主体在开创一项前人没有做过或者前人没有做好的事业，没有经验可取，只有通过自身去体验和探索。又由于创业的领域和创业主体占有的资源存在差距，因此，创业过程必然伴随着各种不同形式的风险。通常情况下，创业风险主要有人力资源风险、市场风险、财务风险、技术风险、外部环境风险、合同风险、精神方面的风险等几个方面。大多数时候这些风险是相互联系的，这就需要创业主体具备一定的风险承受能力和化解风险的能力。任何事物都是在不断发展变化的，创业的过程也不例外。在创业阶段，我们既要积极巩固已有的成果，又要不断地发展和扩大成果。外在客观环境和主观承受负重同时存在，善于出奇与敢于冒险相连，出奇就意味着承担风险，越大的风险往往蕴含着惊人的业绩。但这并不是说创业主体鲁莽行事、意气用事，这就需要创业主体时刻保持科学严谨。创业主体的风险决策不同于赌博中的孤注一掷，也不同于投机者的侥幸取胜。创业需要谨慎，需要调查研究，需要优化论证投资方案，更需要熟知创业经营环境和经营过程，善于把握关键环节，制定切实可行的应急措施，然后果敢行动，抓住机遇，促其成功。坚决防止感情用事，在重大决策上应该是“猝然临之而不惊，无故加之而不怒”。正如莎士比亚所讲的：“人的感情和炭相同，烧起来，得想办法叫它冷却。”在企业、商业或其他事业之间的激烈竞争中，获得成功是每一个人的愿望，但有时可能事与愿违，遭受失败，这就是创业的风险性。

4. 机遇性特征

机遇就是人们适时遇到的某种时机。古人云：“谋事在人，成事在天。”天即天时，就是机会、运气、机遇。客观上，机遇对于每一个人都是公平的、无私的。在创业的过程中，因经济社会发展的形势和自身所处的环境的影响会产生很多的发展机遇。这就需要创业者要有敏锐的眼光，善于捕捉和发现发展机遇。面对发展机遇，能否先察于人，即以犀利的目光识察、判别机遇；能否先谋于人，即以果断的魅力不失时机地抓住机遇；能否行之有效，即以科学的态度把握和运用机遇，关键取决于创业者的心理素质。把握和运用机遇的心理准备的程度高低对于创造、开发机遇以及实现机遇的成效是迥然有别的。因此，在今天充满竞争与挑战的时代，机遇与风险并存，发展与机遇同在。创业者只有认识机遇，善于赢得和创造机遇，才能把握自己的创业发展权，才能取得创业的成功。因此，抓住发展机遇，提高掌握和运用机遇的能力并做好心理准备，对创业者来说具有十分重要的意义。

5. 艰苦性特征

创业过程是一个系统工程。要完成整个创业过程，创造出新的有价值的事物，就需要付出艰辛的劳动。这既需要付出大量的时间，又需要付出大量的体力劳动和脑力劳动；既需要承担风险压力，又需要坚韧的毅力和品质。创业过程必定是一段艰苦而漫长的发展历程。比如，为了推介自己的创业产品，创业者往往会遭到怀疑和不信任的目光，遭受爱莫能助的回绝，甚至遭到对方的嘲笑和讽刺。这些就需要创业者有坚定的信念、坚强的意志、永不怕失败的勇气，从而不断战胜困难、战胜自己，接受创业艰难时刻的考验。老子在《道德经》中说："胜人者有力，自胜者强。"要想获得创业成功，没有战胜自我的勇气，没有挑战艰苦环境的毅力，不付出艰辛的努力是不可能的。

6. 收益性特征

各种创业活动都是为了获取收益而展开的。价值属性是创业的重要社会属性，也是创业活动的意义所在。这种价值不仅仅是经济效益，还包括个人价值的体现和服务社会的价值。在当今就业形势严峻的情况下，鼓励创业带动就业是每一个人实现个人梦想的重要途径。追求物质财富是创业者的主要动机和动力之一，也是衡量创业成功的一个重要标志。对于精神财富的追求，也是创业者实现独立自主、增强社会责任感和使命感的内在需求。创业不仅仅是创业者纯粹的个体行为，而且是为社会创造更多就业机会、为社会提供更多有价值的产品的过程。自觉承担社会责任是创业者本质力量的体现，就业是民生之本，世界著名管理学家彼得·德鲁克认为，创业型就业是美国就业政策成功的核心。20 世纪 70 年代末，美国麻省理工学院（MIT）的研究者大卫·伯奇（David Birch）发表的研究成果推翻了之前认为大型企业是经济支柱和新就业机会提供者的说法。他的结论是，从 1969 年到 1976 年，新的小型成长型企业创造了美国经济中 81.5% 的新的就业机会。因此，新的就业机会的创造来自新公司的诞生和成长。据美国考夫曼基金会 1999 年的报告显示，在美国有 91% 的人认为创业是一项令人尊敬的工作，而每 12 个人中就有一个人希望办自己的企业。

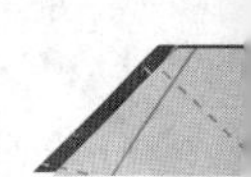

这为大学生创业打下了很好的社会文化基础。2010年的调查数据显示，美国大学生的创业率约为20%，有抱负的创业者和那些成功的创业企业对美国的意义深远。据统计，美国全国总财富从1970年的5500亿美元增长到2009年的超过14万亿美元，而财富总值中超过95%是从1980年开始创造的。比如，微软是20世纪70年代后期创建的，1980年，微软的年收入只有800万美元，员工38人；截至2008年年底，微软的全球员工总数为95664人，整个2008财年微软总营业收入为604.2亿元，营业利润达224.9亿美元；2008年8月，微软股票市值达2491.7亿元，在全球IT市值千亿美元俱乐部的成员中居于首位。这些数据足以说明创业者的社会价值。

（三）创业的基本要素

1. 创业者

“创业者”对应的英文单词是“entrepreneur”。“entrepreneur”有两个基本含义：一是指企业家，即在现有企业中负责经营和决策的领导者；二是指创始人，通常理解为即将创办新企业或者是刚刚创办新企业的领导者。“创业者”一词由法国经济学家坎蒂隆（Cantillon）首次引入经济学。1800年，法国经济学家萨伊（J. B. Say）首次给出了创业者的定义，他在《政治经济学概论》一书中指出，创业者是将劳动、资本、土地这三项生产要素结合起来进行生产的第四要素，是把经济资源从生产率较低、产量较少的区域转移到生产率较高的、产量较大的区域的人，并认为创业者是经济活动过程中的代理人。著名经济学家熊彼特则认为创业者应为创新者。管理大师彼得·德鲁克认为创业者的定义是“创业者就是赋予资源以生产财富的能力的人”[①]。在格特纳（Gartner）提出的创办新企业的概念框架中，创业者要素的内涵包括可用的创业资金、控制资源、风险承担倾向、工作满意度、先前的工作经验、创业者的父母、个人年龄、受教育程度等因素。杰弗里·蒂蒙斯提出的创业管理框架中，创业者要素的内涵包括创业的领导者、团队的质量方面等因素。其中，创业的领导者方面又包括学习是快速、优良的，处理困境是有弹性的，团队健全、可靠、诚实，建立创业的文化与组织等内容；团队的质量方面又包括相关经验，动机、承诺、决心、坚持，容忍风险，富有创造力，控制团队焦点，可塑性等。在欧美学术界和企业界，创业者被定义为组织、管理一个生意或企业并承担其风险

① 徐晖．大学生创业教育研究[M]．成都：电子科技大学出版社，2017：18.

的人。国内学者郑炳章教授认为，创业者是指通过个人或者组织的力量，运用手中有限的资源发现、评价并利用了创业机会的人。[①]创业者的内涵主要是指具有创业精神的主体，创业精神代表一种以创新为基础的做事与思考方式，具体包括创新创业意识、合作（或团队）意识、进取意识、风险意识、创业动机等。就创业者的外延而言，无论是小企业的发起者、大企业内部的雇员，还是其他非营利组织的成员，无论什么身份，也无论什么职业，只要他们通过利用手中的有限资源成功地发现、评价并利用了机会，他们就是创业者。

创业者从不同的角度可以划分为不同的类型，基于创业过程所处的地位和作用，可分为独立创业者、主导创业者和参与创业者；基于创业者的动机和背景，可分为生存型创业者、变现型创业者、主动型创业者。

独立创业者就是自己出资、自己管理。比如，个人开一个菜铺，自己进货、出售、管理。主导创业者是带领一个创业团队创业的人，团队其他成员就是参与创业者。生存型创业者大多是下岗工人、刚毕业找不到工作的大学生、不愿困守乡村的农民，据清华大学的调查报告证实，这一类型的创业者占中国创业者总人数的 90%。变现型创业者主要指在国企、民企当经理人期间集聚了大量人脉资源的人，他们自己开公司，将过去因权力范围而拥有的无形资源变现为有形的货币。主动型创业者分为两种，一种是盲目型创业者，另一种是冷静型创业者。

2. 创业精神

从管理学的视角来说，创业者与企业家的内涵是一致的，创业精神通常被人们称为企业家精神。熊彼特认为，企业家精神是一种经济首创精神，即创新精神，就是做别人没做过的事或者是以别人没用过的方式做事的组合。[②]彼得·德鲁克认为，企业家精神就是一种创新行为，这种行为为现有资源赋予了新的创造财富的能力。彼得·德鲁克已把企业家精神明确界定为社会创新精神，并把这种精神系统地提高到社会进步的杠杆作用地位。他在《创新与企业家精神》一书中指出，企业家认为变革是常规的，通常企业家们本身并不带来变革；但是企业家在寻求变革，对变革做出反应，并把变革作为机会予以利用，这就是企业家与企业家精神的定义。新古典经济学代表人物马歇尔认为，企业家精神是一种心理特征，包括“果断、机智、谨慎和坚定”以及“自力更生、

① 徐晖．大学生创业教育研究 [M]. 成都：电子科技大学出版社，2017：19.

② 张晓蕊，马晓娣，岳志寿．大学生创业基础 [M]. 北京：北京理工大学出版社，2019：47.

坚强、敏捷并富有进取心”，“对优越性具有强烈的愿望”[①]。研究者们从不同的研究视角对企业家精神（创业精神）进行了不同的阐述和解释，归纳起来，创业精神就是创新精神、敬业精神、承担风险的精神、合作精神。

3. 创业环境

创业环境是指创业者在创业过程中对其产生影响的各种要素所组成的系统。创业环境大致有以下几种表现形式：社会环境与自然环境，内部环境与外部环境，融资环境与投资环境，生产环境与消费环境。按照系统论的整体性，创业环境可分为内部环境和外部环境。内部环境是创业组织内部各种创业要素和资源的总称，如人员、资金、设施、技术、产品、生产、管理、运营等方面的情况。内部环境是创业活动的根基，创业者资源是最根本的资源，内部环境是可控制的。外部环境是创业组织外部的各种创业条件的总称，如社会的、自然的、法律的、政治的、政策的、经济的、竞争的、合作的、远处的、近处的、行业的、地区的、科技的、教育的、文化的形势和情况。外部环境在创业活动中是不可控的。创业资源、创业机会、创业者、创业组织等创业要素都依赖于创业环境。

4. 创业机会

创业机会是创业活动的核心。创业机会的发现和识别是创业的起点。创业机会是一系列的市场不完全，机会代表着一种通过资源整合、满足市场需求以实现市场价值的可能性。机会的最初状态是“未精确定义的市场需求或未得到利用、未得到充分利用的资源和能力”[②]。一种观点认为，创业机会是通过把资源创造性地结合起来，满足市场的需要，创造价值的一种可能性。另一种观点则认为，创业机会的定义是“那些新产品、服务、原材料和管理能够被应用或出售而获得高于其成本的情况”。蒂蒙斯认为，一个创业机会“具有吸引力、持久性和适时性，且伴随着可以为购买者或者使用者创造或增加使用价值的产品或服务”[③]。胡伯等认为，机会实际上是一种亟待满足的市场需求，这种潜在的市场需求如此旺盛，因而对于创业者来说实现该需求的商业活动相当有利可图。阿德吉费里等认为，从获取预期消费者的角度来看，机会事实上意味着创

① 闫浩仁．企业家成长环境和培育机制研究[M]．北京：华夏出版社，2007：29.

② 徐晖．大学生创业教育研究[M]．成都：电子科技大学出版社，2017：21.

③ 吴满琳，刘秋昤，李琴．大学生创业基础 知行合一学创业[M]．上海：复旦大学出版社，2017：7.

业者探寻到的潜在价值（valuesought）。[①]爱克哈特沙恩把创业机会定义为一种情境，其中新产品或服务、原材料、市场组织方法能够以创新的方式重新整合。[②]文卡塔拉曼指出，创业机会实际上是新产品、新服务、新材料，甚至是一种新的组织形式，能够被引入生产并且以高于成本的方式实现销售。[③]特别地，创业机会不同于一般的盈利机会，尤其是那些仅仅是提高现有产品及服务、原材料和组织方式运营效率的机会。因为前者需要技术或者组织结构的创新，而后者只是在现有的组织框架中进行调整。究其本质（或根源），创业机会就是一种未满足的需要，创业机会是一个从一开始是未成型的但随着时间的推移逐渐变得明确成熟起来的动态的过程，它具有隐蔽性、偶然性、易逝性、时代性的特点。

创业机会是一个从量变到质变的过程。创业机会的发现、识别、评价和开发利用，都是人们认识创业机会的不同阶段。同时，不同阶段有着不同的认识过程和结果。创业机会的发现、识别、评价和开发利用等要素构成一个有机的、不可分割的整体或过程，各要素之间互相支持又互相影响，每个要素在系统中都处于一定的位置上，起着特定的作用。创业机会客观存在于环境之中，而创业环境往往是复杂的、动态的、不确定的。创业机会（过程）是在特定的环境条件下完成的，从而往往导致在实际的创业过程中总是充满风险与不确定性。机会的发现是创业者原有信息（或信息存量）与环境中产生的机会相关信息交互作用的过程与结果；创业者的认识结果往往表现为一种商业念头、想法，或者称为创意。创业者原有信息（信息存量）是基础，环境中产生的跟创业相关的信息（新信息）是前提，原有信息（信息存量）与新信息的交互是关键。阿玛尔·毕海德（AmarveV. Bhide）在对成功企业家访谈后发现，他们的创业机会 71% 来自对创业以前工作中想法的复制或完善，20% 来自偶然的想法，系统地开展商业调查所产生的创业机会只有 4%。创意只是人们认识创业机会的阶段成果或创业机会的雏形。创业机会的识别是从若干的创意（商业想法或念头）中挑选（或鉴别）出潜在（可能）的创业机会，或者就单一的创意从有无需求和满足特定需求的方式两方面进行识别。其结果往往形成一个商业概念，这一概念包括市场需求如何满足或资源如何配置等问题。识别的主体可

① 周旺东，李树生．大学生创业问题研究 [M]. 北京：北京理工大学出版社，2014：56.

② 张秀娥．创业管理 [M]. 厦门：厦门大学出版社，2012：117.

③ 黄海燕、陈玉梅，费再丽等．大学生创业教育 [M]. 长沙：湖南师范大学出版社，2013：70.

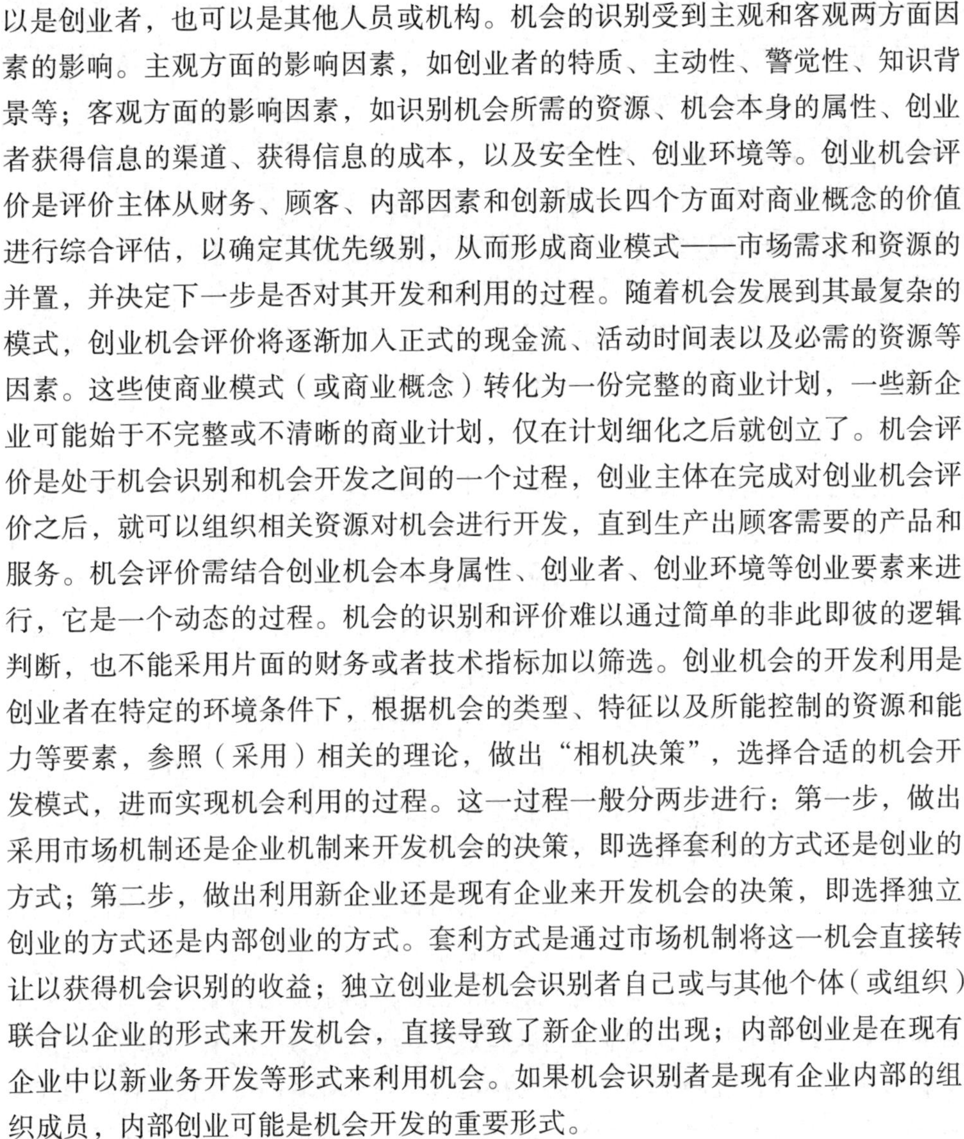

以是创业者，也可以是其他人员或机构。机会的识别受到主观和客观两方面因素的影响。主观方面的影响因素，如创业者的特质、主动性、警觉性、知识背景等；客观方面的影响因素，如识别机会所需的资源、机会本身的属性、创业者获得信息的渠道、获得信息的成本，以及安全性、创业环境等。创业机会评价是评价主体从财务、顾客、内部因素和创新成长四个方面对商业概念的价值进行综合评估，以确定其优先级别，从而形成商业模式——市场需求和资源的并置，并决定下一步是否对其开发和利用的过程。随着机会发展到其最复杂的模式，创业机会评价将逐渐加入正式的现金流、活动时间表以及必需的资源等因素。这些使商业模式（或商业概念）转化为一份完整的商业计划，一些新企业可能始于不完整或不清晰的商业计划，仅在计划细化之后就创立了。机会评价是处于机会识别和机会开发之间的一个过程，创业主体在完成对创业机会评价之后，就可以组织相关资源对机会进行开发，直到生产出顾客需要的产品和服务。机会评价需结合创业机会本身属性、创业者、创业环境等创业要素来进行，它是一个动态的过程。机会的识别和评价难以通过简单的非此即彼的逻辑判断，也不能采用片面的财务或者技术指标加以筛选。创业机会的开发利用是创业者在特定的环境条件下，根据机会的类型、特征以及所能控制的资源和能力等要素，参照（采用）相关的理论，做出“相机决策”，选择合适的机会开发模式，进而实现机会利用的过程。这一过程一般分两步进行：第一步，做出采用市场机制还是企业机制来开发机会的决策，即选择套利的方式还是创业的方式；第二步，做出利用新企业还是现有企业来开发机会的决策，即选择独立创业的方式还是内部创业的方式。套利方式是通过市场机制将这一机会直接转让以获得机会识别的收益；独立创业是机会识别者自己或与其他个体（或组织）联合以企业的形式来开发机会，直接导致了新企业的出现；内部创业是在现有企业中以新业务开发等形式来利用机会。如果机会识别者是现有企业内部的组织成员，内部创业可能是机会开发的重要形式。

5. 创业资源

创业资源是指创业企业在创造价值的过程中需要的特定的资产，包括有形资产与无形资产。它是创业企业创立和运营的必要条件，主要表现形式为人才、资本、创业机会、技术和管理等。在杰弗里·蒂蒙斯提出的创业管理框架中，创业资源要素的内涵包括人力资源（外部人力资源）、财务资源、工厂及设备、营运计划等因素。[①] 根据林强的研究，按照资源对企业成长的作用，创业资源可以分为两大类：一是那些直接参与企业生产、经营活动的资源，称为要素资源；二是那些虽然未直接参与企业生产，但是其存在极大地提高了企业运营有效性的资源，称为环境资源。[②] 不同的企业对资源的需求存在差异，创业者应该根据本身所具备的资源条件，结合创业机会、技术、产品、业务、市场、竞争、行业、经营模式、组织机构等因素的属性和特点来识别创办新企业的资源需求。优秀的创业者需要了解创业资源的重要作用，不断开发和积累创业资源。同时，创业者还需要善于对各种创业资源进行组织和整合，这样才能实现机会的有效开发以及战略的有效执行。

（四）创业组织

根据韦伯的观点，创业首先需要一个能够成功或有能力开发可赢利机会的现代企业或组织，往往只具有富有创意的个性是不够的。在格特纳提出的创办新企业的概念框架中，组织要素的内涵包括公司形式、策略变量、低成本、差异化、聚焦程度、创业伙伴、进入障碍等因素。一般而言，组织要素的内涵包括组织形式、组织制度、商业模式、战略规划等因素。[③]

从某种意义上来说，商业模式就是企业创立之前的战略规划书。创业者瞄准某一个机会之后，需要进一步构建与之相适应的商业模式，通过必要的商业模式的支撑使富有市场潜在价值的机会走向真正意义上的企业。通过商业模式的构想，创造者能够全面思考组织创建中的诸多问题，对整个创业活动进行理性分析和定义。很多创业者在建立企业的时候，并没有对商业模式进行详细完备的定义，创业者的动力往往来自创业热情以及对于目标市场的模糊设想。这样的创业活动具有很大的不确定性。如果创业者所追逐的创业机会确实具有潜在价值和持续的成长力，创业者会获得成功。但是多数情况下，市场环境的变化以及创业活动的复杂动态导致现实中的机会与创业者的事先假设存在很大的落差，创业活动很容易陷入困境。因此，在创业活动的准备工作中缺乏商业模式设定环节会加大创业失败的风险。但是，即使创业者设置了商业模式，不清晰或者方向错误的商业模式对创业过程也具有较大的破坏性。一旦发生所设计的商业模式存在错误的情况，创业者应当尽快从错误的商业模式中走出来，调

① 徐晖．大学生创业教育研究[M]．成都：电子科技大学出版社，2017：23.

② 林强，姜彦福，张健．创业理论及其架构分析[J]．经济研究，2001(9)：10.

③ 徐晖．大学生创业教育研究[M]．成都：电子科技大学出版社，2017：24.

整发展方向，尽快明确具备可行性的商业模式。

战略规划是企业的经营规划，也是公司经营的一种内在模式。这种模式为企业的经营提供了一种存在的规则，有明确经营模式的企业可以依据这种模式有效应对市场环境的变化，及时制定行之有效的应对措施，使战略行动具有时效性。战略对于创业企业的成长非常重要。在企业创立之前，创业者必须对企业未来的战略规划进行一个清晰的设想。甚至在商业计划书中，创业者就应当对战略规划有详细的设想。创业企业的战略选择关系到企业的发展方向，是选择持续技术开发占据技术前沿还是选择市场开发争取市场份额，这种选择本质上决定着企业发展成败。在制定发展方案时，创业者的重点应当放置于战略位置的确立与战略资源的获取上。创业企业要想在市场竞争中取胜，应当主要抓住自己和市场上已有企业的差异性来做文章，形成自己独特的竞争优势，发展核心竞争力。当然，随着企业的不断成长，创业企业的战略也必须不断调整。在企业成长阶段，相对于初期的战略设想，这一阶段的战略是实实在在的市场竞争模式。因此，在企业成长阶段，创业者需要在战略的执行和控制层面投入更多精力。合理的战略规划还有助于企业增强危机意识，降低失败风险。

组织形式主要是指企业的组织结构和所有权形式。企业的组织形式可以选择直线制、直线职能制、事业部制等，所有权形式可以选择独资、合伙和公司制等形式。在现实中，选择合适的组织形式对创业企业是至关重要的，因此创业企业应综合考虑行业特点、企业规模、业务流程、技术复杂程度、市场需求、职工素质的高低、企业内部的分工与布局、管理者的管理水平与风格等因素来进行决策。一般来讲，初创企业很多都采用直线制或直线职能制。不管采用哪种形式，这部分内容应包括新企业的组织结构图、部门的划分以及各部门的职责权利，应明确每一个岗位的角色和职责。

在不同的所有权形式下，创业者承担的责任有很大的区别，个人独资企业的创业者要对企业的债务承担无限责任，也就是说，企业的责任就是创业者个人的责任，企业和创业者的责任连为一体。合伙企业的创始人有两个以上，合伙人要对债务承担无限连带责任。若企业的资产不足以偿还企业的到期债务，所有创始人要以自己的个人财产清偿企业到期未还的债务。企业采用合伙企业形式的，合伙人应签订合伙协议，明确分工和权利、责任，以免出现职责冲突和利益纠纷。公司制的创业者只承担有限责任，如果公司不能偿还到期债务，创业者（股东）仅以其对公司的投资额为限对公司债务承担责任。债权人没有权利要求创业者（股东）拿出个人财产替公司还债。因此，采用这种形式的企业，创业者应在创业计划中说明企业采用的所有权形式，每一位投资者投入资金的数量和形式，每一位投资者承担责任的形式，投资者的责任、权利，企业的管理机构设置及其职权。

在创业初期，通常创业企业规模不大，除了创业团队成员以外，雇员也不多，组织内部的管理事务并不复杂。随着企业度过最为艰难的时期，初步获得成长之后，组织的重要性就日益凸显了。

二、创业教育

1989 年，联合国教科文组织首次提出了 enterprise education 的概念，即事业心和开拓教育，后译为“创业教育”。创业教育从广义来讲是培养开创性的个人，培养冒险精神、创业能力、交际技能等的教育过程，其教育内容是以创业者终身持续学习为基础的。狭义的创业教育是与新企业的创办和价值增值相联系的概念。[①]创业教育被联合国教科文组织生动地称为教育的“第三本护照”，被赋予了与学术教育、职业教育同等重要的地位。我国学者最早提出创业教育概念表述的是胡晓风，他在《创业教育简论》一文中将创业教育定义为培养人生志在创业的教育，是一种全面教育、终身教育。杨宁在《创业教育：高校培养创新人才的有效途径》一文中认为，创业教育是引导大学生将自己学到的知识和技能应用并转化、创办企业的教育。丁立群在《创业教育的目标与功能》一文中认为，创业教育是一种主体教育、高层次素质教育、人格教育、超越教育的综合体，是以创新和创造为本质内涵，依托课程和实践的载体，培养从事创业实践活动的专门人才的教育活动。张德江在《对创业教育的认识与实践》一文中提出，创业教育是不同于就业教育的一种新的教育理念和模式，创业教育是教会学生积极应对社会和市场需求的教育，是以创造新的就业岗位为教育目标的教育，更加注重创造性。

我国对创业教育的研究起步较西方国家晚，学者们对创业教育的内涵释义随着国家高等教育深化改革和人才培养质量提升而不断发展和演进。2002 年 4 月，教育部通过调研将清华大学、上海交通大学、黑龙江大学等 9 所高校确定为创业教育试点高校，首次将高校和创业教育相联系，阐释了高等教育与创业

① 彭钢．创业教育学[M]．南京：江苏教育出版社，1995：98.

教育的关系，试点工作的开始标志着我国高校创业教育进一步的探索与发展。①

综观学者们对创业教育的理解和归纳，笔者认为，创业教育是就业教育的一种全新理念和模式，是依托理论和实践载体，以培养创业意识、创业精神、创业能力、良好价值取向的创业型人才为目标的教育活动，包括课程体系、实践体系、支撑体系、环境氛围等多维元素。创业教育作为高等教育的主要内容之一，是国家经济社会发展和创新型国家体系构建的必然要求，也是大学生自身能力素质提升的必要环节。

（一）创业教育的特点

创业教育是通过一定的培育体系，多方面、多层次培养人的创业综合素质和创业能力的。无论是教育理念还是培养方式，创业教育都是有别于传统教育的，具有其自身的特点。

1. 实践性

创业是一个开创性、实践性的过程，创业教育也是一个从理论到实践，再从实践到理性认知的过程。在当今信息时代，创业者不仅要有集中的地点、时间学习有关创业的专业知识，还需通过网络等信息媒介根据自身的兴趣、爱好有选择地学习、了解相关知识和信息，更需要以实践体验式教学为主，如通过科技孵化园、大学生创业园等载体加强实践应用性的体验式创业教育。只有如此才能使创业教育实现理论指导下的实践、实践检验下的再学习，真正取得创业教育的良好效果。创业教育是通过各种教育方式与培训、实训手段使受教育者具有创业意识、创业精神、创业品质、创业技能等素质，并通过不断的教育和实践激发他们的创业激情，促使和鼓励他们肩负起创业的责任，大胆而有准备地走向创业之路。

2. 探索性

创业教育是复杂而庞大的系统教育工程，在我国是一个从无到有、从有到发展成熟的长期工程。创业教育的思想、理念、定位与实践是一个不断学习和探索的过程。美国的创业教育从投入到产出历时半个多世纪，美国高校从 20 世纪初开始设立并讲授创业学方面的课程。20 世纪 30 年代，斯坦福大学工程学院院长特曼教授给惠普公司提供了创业的“天使资本”。20 世纪 70 年代以后，美国的创业教育才真正为本国和世界所认可。20 世纪 80 年代，创业教育开始

① 肖怡．国外大学生创业教育的发展特点及对我国的启示[J]. 当代经济，2012（5）：2.

进入我国。由于起步较晚，创业教育无论是国策，还是教育者、教材、管理等教育资源，都需随着时间的推移不断积累、丰富和完善。创业者本身在创业的过程中还需不断地探索、不断地创新，才能使企业永葆生机和活力，才能持续健康发展。因此，创业教育具有探索性的特点。

3. 开放性

任何一种教育创新活动都是社会环境变革的产物。创业教育作为一种实践性很强且具有一定引导作用的教育，一方面，应建立开放的教育理念，这就需要学校、社会、企业三者建立起互相补充、互相促进、互相作用、互相联系的关系，走出校园，走向社会，走进企业，使教师和学生真正实现理论教学与实训教育的有机结合，在实践中亲身体验，得以锻炼，不断提高；另一方面，社会管理者、企业家进入学校有效进行知识和经验的传授，进而达到三方密切合作，资源共享，实现共赢。此外，学校与学校、国内与国外也应建立教育领域的广泛合作与交流，相互学习，相互促进。

4. 非功利性

创业教育作为一种新的教育理念和模式，为建立 21 世纪的教育哲学开拓了新视野。1998 年 10 月，联合国教科文组织在巴黎召开世界高等教育会议，大会发表的《21 世纪的高等教育：展望与行动世界宣言》中明确提出“高等学校必须将创业技能和创业精神作为高等教育的基本目标”，使毕业生“不仅成为求职者，而且逐渐成为工作岗位的创造者”。创业教育的最终目的就是以学生扎实的专业知识和技能为基础，培养学生的创业综合素质，使其真正成为创业的一代。

5. 主体性

主体性是人的最基本的特征，它包含着人的创新的内在潜质。大学生创业教育应注重他们创业的主体性，把那些勇于创新、富于创造、敢于冒险、有创业梦想和创业意愿的大学生培养成为一个敢于走向社会大胆进行社会实践活动的能动的主体。在创业教育过程中，教师应充分尊重学生的主体地位和参与原则，注重调动和激发学生的主观能动性、创新性，引导学生正确对待困难、挫折和挑战，运用已掌握的知识和经验，主动思考、勤于学习、善于创造，逐渐掌握创业知识、创业能力等最基本的创业主体的创业综合素质。

（二）大学生创业教育

当前，大学生创业教育在高校教育层面还略显不足，甚至存在被边缘化倾

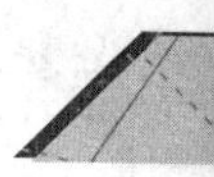

向，缺乏应有的关注和认可，这种对创业教育的认知偏差，严重阻碍了大学生创业教育的实效性。探究大学生创业教育的内涵概念，厘清教育本质、目标范畴、原则方法是开展大学生创业教育相关研究的逻辑前提和理论基础。大学生创业教育是培养创业能力、创业技能、创业意识的教育，注重创业精神、意志品质、理想信念的培养和打造，目标在于培养大学生创业过程中的创业能力、创业精神、价值取向、意志品质的提升。大学生创业教育是高等教育课程体系的延展，是人才培养目标的补充与强化。当前，个别高校的创业教育还存在功利性色彩，将创业行为视作财富积累的一种方式，没有把人的全面发展、个人价值与社会价值的实现作为创业教育的初衷与目标，没有意识到当前的创业教育已经超越了知识技能的训练，是渗透在专业知识、实践技能中的精神价值和能力素质的培养活动，是培养大学生树立社会责任感，实现个人价值与社会价值相结合，将“真、善、美”融入创业课程和创业实践过程的教育。基于上述论述，结合创业、创业教育等相关概念的阐释，参考当前创业教育发展现状，笔者认为，大学生创业教育是一种大学生能力素质拓展的教育活动，是以培养理性的创业价值观念和坚持正确的创业价值导向为目标，整合多方教育资源，在创业课程和创业实践中融入能力素质和价值观教育元素，让大学生将创业精神、创业意识和创业能力“内化于心、外化于行”的教育实践活动。

三、大学生创业教育的理论基础

（一）马克思主义人的全面发展理论

马克思、恩格斯在批判继承前人的理论思想基础上，从历史唯物主义的视角对人的本质、人的发展做出了理性阐述，形成了人的全面发展思想。马克思人的全面发展思想是马克思主义理论的精髓与核心，是随着马克思主义理论的完善而完善、发展而发展、由低级到高级的理论体系。

古希腊著名哲学家苏格拉底将“认识你自己”作为哲学的研究开端，人的发展问题历来都是哲学研究的重要领域和范畴。马克思主义人的全面发展理论内涵丰富，层次鲜明，是通过不断地满足个人需要、能力素质、劳动与社会关系、个性等的全面发展来实现人的自由、充分发展的，马克思主义人的全面发展是人在个体素质和社会关系等多个方面的全面发展。其基本内涵包括以下四个方面：一是人的需求的全面满足，二是人的社会关系的全面发展，三是人的劳动和个人能力素质的全面发展，四是人的个性的全面发展。

第一，人的需求的全面满足。人的需求是人的本性，只有人的需求的全面满足才是人全面发展的根本衡量标准。人区别于动物的标志是具有自我发展和完善的需求，不同于动物消极适应自然的本能，人通过劳动获得生产资料以满足自身的生存和发展需求，是高于自然存在物的本能属性。只有满足了人的各种需要，人们才能自由支配自己的行为，有效推进社会和历史的发展进程。人的需求是多样化和多层次性的统一，由于人处于不同的社会历史时期，其所在社会的多样性特点造就了人的需求的丰富性。马斯洛需求层次理论认为，生理需要是人最低级的需要，随着生物进化逐渐显现的潜能和精神需要是高级需要，诸如爱的需要、自我实现的需要，高级需要比低级需要具有更大的价值所在。在不同的社会条件下，人们结合各自占有生产资料的能力，按照一定层次逐级实现自我多方面的需求，如先解决温饱问题的生活需要、享受需要和爱的需要，接下来的自我价值实现和发展的需要等，人的需求的满足是一个逐渐变化的过程，是多样化和多层次性的动态统一。此外，人的需求是随着社会变化而不断变化的，随着生产力发展水平的提高而不断演化与发展，具有发展的特性。

第二，人的社会关系的全面发展。马克思认为，社会关系实际上决定着一个人能够发展到什么程度。人的本质在其现实性上是一切社会关系的总和，人最根本的特性就是人的社会性。任何人都不能脱离社会关系而单独存在，人是社会中的人，人的社会关系的丰富与发展是实现人的全面发展的逻辑前提。在一定的社会关系中，人的发展路径和速度不仅是随着生产力的发展水平变化的，也是由占主导地位的社会关系所决定的，一个人只有具备了丰富而全面的社会关系积累，才能有更高的积极性参与到各类社会生活中去，在文化、政治、经济等活动中汲取养分、增长见识、完善自我。只有在这个丰富的社会关系系统中，才能将片面的人发展为全面的人，才能摆脱各种束缚，实现真正意义上的自由与全面发展。人的社会关系的全面发展是人与自然、人与人等多重关系的充分发展，在这样一个彼此交流、完善自己的氛围下，人们逐渐摆脱了个人的片面性和局限性，个人的社会特性得到了充分的展现与张扬。

第三，人的劳动和个人能力素质的全面发展。劳动是人们通过改造客观世界实现自身生存的基础，在劳动的过程中个人的劳动技能和改造自然的能力得到了提升。我们把劳动或劳动能力理解为一个人的身体即活的人体中存在的、每当他生产某种使用价值时就运用的智力和体力的总和。劳动能力的发展是智

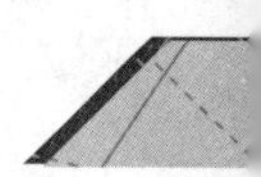

力和体力的统一，除了智力和体力之外，道德品质、心理调节等多维能力素质的均衡发展也是人全面发展的现实体现，由于人的个体不同，在能力素质方面会显现出一定的差异性。随着社会生产力的不断发展，人们的劳动能力有了质的飞跃，个人能力素质也达到一定的高度，这些都为人的全面发展奠定了能力基础，只有实现人的劳动和个人能力素质的全面发展，才是真正意义上的人的全面发展。

第四，人的个性的全面发展。马克思认为“有个性的人”是人的全面发展的最高级阶段，这个阶段的人才是真正的个人、自由的人。“个性”是人的全面发展的外在表现，在全面发展的过程中每个人都能得到自由、平等、公正的发展，个性得到自由展现。马克思认为人的个性的发展是“一切天赋得到充分发展”[①]。个性发展包括心理、感觉、直觉、精神、道德品质、观念、思维、判断等的多元发展，这种多元发展是人们能够改造自然开展社会实践活动及自我控制的综合过程。人的个性的全面发展是人的主体性、独特性的综合体，只有人的主体性得到切实发挥，才能激发人开展实践活动的能动性，促进人的自由全面发展。独特性是人的个性的全面展现，没有独特性就没有个性。

深入探讨马克思主义人的全面发展理论，对大学生创业教育具有重要的现实意义。首先，创业教育作为高等教育课程体系的重要组成部分，对大学生创业能力、创业精神、创业素质的提升起到了极大的助推作用，是大学生能力素质全面发展的重要环节。其次，创业教育是大学生创业过程中的道德品质、是非曲直判断的价值取向教育，是大学生能力素质全面发展的关键因素。实现大学生全面发展既是高等教育的时代要求，也是大学生自由全面发展的价值诉求。在创业教育领域，马克思主义人的全面发展理论是必不可少的精神滋养，为大学生创业教育提供了权威理论参考，也为大学生创业教育筑牢根基、丰富思想、充实理论、指导实践提供了借鉴和启示。最后，大学生创业教育是立德树人根本任务在微观层面的展现，开展好大学生创业教育从现实来讲是为了更好地促进创业、塑造正确创业观的实践诉求，也是国家教育方针的落实与强化。在这一范畴内，马克思主义人的全面发展理论为大学生创业教育提供了生动启示，引导大学生更好地用理论指导实践，将创业教育同自身的全面发展紧密相连，从而促进大学生个体自由而全面的发展。

---

① 马克思，恩格斯．马克思恩格斯全集（第 3 卷）[M]. 北京：人民出版社，1960：295.

（二）马克思主义人的价值相关理论

马克思通过对人的本质的系统研究，认为“人的本质是一切社会关系的总和”，人的各种问题都要放在社会关系中思考和衡量。而人的价值不是凭空产生的，是与一定的生产力发展水平相适应的社会关系的产物，探讨人的价值需要厘清人的价值内涵，了解人的价值的实现路径，掌握人的价值的评价方式。

1. 人的价值内涵

马克思主义对价值的界定是主体和客体之间的有用性关系，即客体能够满足主体需要的有用性，价值主体是人，任何客观事物都是对人的需要满足才产生所谓的价值，客体则是相对于主体客观存在的自然界、社会及人。由于主体需要的全面性决定了人的需要的全面性，既有物质的需要也有精神的需要。因此，人的价值既包括物质价值的创造，也包括精神价值的创造。人的价值的创造过程是随着社会的演进逐渐变化发展的，这就是人的存在方式，其中人的价值是一种创造价值的价值，这种主体价值是所有价值中的最高等级。作为价值主体的人能动地将自身需求和价值选择相关联，基于自身的各种需要，对价值客体的属性和功能做出判断和选择，选取对满足自身需要最大利益的客体去进行改造，同时为所处的社会价值创造做出自身的贡献，这是认知、适应、改造、创造的一系列价值形成过程。而人的价值就在于价值主体从内在需要这一逻辑起点出发的价值创造活动，人的价值本源在于为所生活的社会做贡献，人的自我价值的大小是通过社会价值来实现的。因此，人的价值是自我价值和社会价值的统一体，自我价值的获得与实现是内在的价值表现，社会价值的实现是外在的价值表现。可见，探讨人的价值不能只从自我价值的实现层面考虑，还需要考虑人对社会价值的贡献程度。此外，人的价值的核心是人的劳动，劳动是创造世界、创造自身的基础，劳动是创造价值的源泉，具有劳动能力的人将价值融入劳动创造活动中，从而实现改造世界和实现自我价值的目的。

2. 人的价值实现

马克思认为，实践是人的存在方式，也是人的价值实现的基本路径。实践是人们自由能动地改造和探索客观物质世界的社会性活动，具有客观性、能动性和社会历史性等基本特征。

首先，人的价值实现是以实践为基础的。当人以实践的形式存在时，可以理解为人是自由的，自由实践是人的价值实现的本质要求，即把人在自由实践基础上的成长过程看作自我完善与发展的阶段，实践中不断改造的客观物质世

界和环境的变化在一定程度上可以满足人的各类基本需求，这类能动的实践活动就体现出人的本质诉求，人的价值实现也就凝结在了对象化的实践活动中。

其次，人的价值实现是以满足人的基本需要为前提的。人为了满足自身的需求，需要进行一定的物质生产，人们通过发明和利用工具，实现了生产的便捷化和高效化，新的发明创造又衍生出了新的需求，人的循环往复、不断推进、永无止境的新需求推动了物质生产的进步，从而构成了人的存在方式，推进了人的自身创造与改造，加深了人对客观世界认识的深化，实现了人在实践和劳动中的自我完善与丰富，满足了自我提升与发展的现实需求。作为实践的两种形式，感性实践和理性实践共同作用于人的价值的创造过程，基于人的本质要求，共同归因于人的实践活动。

最后，人的价值的实现需要一定的条件。这里说的一定的条件包括客观条件和主观条件。客观条件指的是自身的能力和素质、自然界提供的能量和物质交换、人所处的社会环境和发展空间等，这类条件明确了人的价值实现的发展方向和空间路径，是人的价值实现的外在“原材料”，虽然人们所处的地域存在差异，客观物质世界为我们提供的资源也各不相同，这也造就了人的价值实现的差异性。而人的主观条件是人的价值实现的决定性因素，包含个人所具备的知识、能力、自我意识等。虽然一定的客观条件可以满足基本的价值实现诉求，但价值实现过程是需要客观条件和主观条件共同作用才能得以实现的，即“自由”的人通过“自在”实践，实现“自为”的发展过程，这也是人的价值升华过程和自我实现的客观路径。因此，内在和外在的条件在人的价值实现过程中均起到了基础决定作用，人们通过劳动实践，将价值融入劳动实践之中，在推动社会发展中实现了个人价值的升华，即人的价值的实现是社会价值和个人价值的综合，单纯地强调社会价值和个人价值是没有意义的，需要将价值的实现放在一定的社会关系之中衡量和思考，即人的价值是通过社会价值的实现来表现的。

3. 人的价值评价

英国哲学家霍布斯在著作《利维坦》中对人的价值提出了这样的论断：“人的价值或身价正像所有其他东西的价值一样就是他的价格；也就是使用他的力量时，将付与他的多少。因之，身价便不是绝对的，而要取决于旁人的需要和评价。……对人来说，也和对其他事物一样，决定行市价格的不是卖者而是买者。”[①] 马克思在《资本论》手稿中摘抄了霍布斯的这一论断，认为霍布斯对人的价值的评价与“劳动力”价值相契合，具有一致性。但从马克思主义经典作家对人的价值的理解来看，我们在这里探讨的人的价值不同于“人作为商品的价值”“劳动力价值”，而是一种特殊的价值评价，是受主体情感、态度等多方面因素影响的评价活动。人的价值评价也就是人相对于价值对象所拥有的价值功能的衡量与判断，属于人的主体观念活动。对人的价值评价认识应从以下两个方面着手。

第一，对人的价值评价要看是否创造了实在的客体价值，创造客体价值是人的价值实现的基础和前提，也就是说，人的价值体现在为社会、他人、客观世界创造的价值大小上，如果人在社会改造过程中没有创造任何价值，那么他的主体性价值是不存在的，价值的大小也就无从谈起。

第二，人的价值评价要看人在创造客体价值的过程中是否实现了自我的主体性价值，这也是人的价值评价的核心和实质，也就是说，在人的社会实践活动中，能否实现自我主体性的有效提升将作为人的价值评价的衡量尺度和标准。每一个时代对人的价值评价方式和路径由于受社会关系、客观环境、评价标准、主体观念等多维因素影响而各不相同，但对人的价值评价最终都会回归到是否创造了客体价值和是否实现了自我价值的提升两个基本方面。

马克思非常注重人的发展问题，他认为人具有全面发展自我的才能，自由和全面的发展是人的价值评价的客观依据，将人的价值实现与发展看作社会发展进步的条件，人的自由和全面发展是人的最高价值体现。此外，本书所涉及的大学生创业教育中的价值观教育是相对于大学生这一群体而言的，以大学生所处的社会关系实际为出发点，客观分析、评价，以更好地实现自我价值，实现大学生自身的自由和全面发展为根本目标的价值评判。

4.马克思主义人的价值相关理论对大学生创业教育的指导意义

马克思认为，实践是人的存在方式，也是人的价值实现的基本路径。大学生创业活动本身就是一种实践，其本身就有意义和价值，创业的过程也是价值实现和创造的过程。价值实现体现在内在，则为创业者带来了物质财富，提升了个人的幸福感，实现了个人的综合全面发展；价值实现体现在外在，则促进了社会价值的增长，推进了社会公平。

首先，以马克思主义人的价值相关理论引领大学生创业教育，可充分释放

① [英]霍布斯．利维坦[M].黎思复，黎廷弼，译．北京：北京大学出版社，1986：67.

大学生的价值创造力。大学生创业是实现自我价值的方式之一，自我价值的实现是个人价值和社会价值的综合与统一。个人价值的实现既包括显性的个人财富增加、幸福感提升和自身的全面发展，又包括隐性的个人创造力的全面释放。要想创造更大的价值，就需要创业者持续创新，创造更高层次的价值回报，在大众创业的环境氛围中激发自身的创造力，从而不断超越和提升自我，创业也就成了大学生释放自我创造力、实现个人价值的最好平台，这是社会上任何一种实践活动所不能比拟的。加强大学生创业教育，可以让大学生体会到在创业实践中的成长和存在的价值，依托马克思人的价值相关理论引领，能够有效激发大学生对创业教育的价值认同，明晰创业改变人生、实现自我超越的实践路径，引领大学生为实现自我价值而积极投身于创业实践之中。

其次，加强大学生创业教育是开展创业实践、实现个人价值和社会价值的有效路径。任何一种有意义的实践活动都能产生一定的社会价值，创业在新的时代背景下具有特殊的时代价值和现实意义，其显著的社会价值体现在增加就业岗位、促进创业、带动就业等方面，创业能够促进社会的公平，在一定程度上维护了社会的稳定，但创业最重要的社会价值则表现在促进了社会的整体发展和进步，推进了创业型社会的形成。

最后，大学生创业教育的好坏关乎大学生创业成功与否，而作为创业主体的大学生则肩负着创业实践中个人价值和社会价值实现的双重使命，创业实践过程中的个人价值和社会价值的实现是相互依存、不可分割的，创业的社会价值通过个人价值的实现得以体现，创业的个体价值汇聚合力推动了社会的进步和社会价值的完美融合，同时为个人价值的实现提供了相应的保障。

（三）中华优秀传统文化的思想借鉴

中华优秀传统文化蕴含着丰富的哲学思想和教化理念，是中华民族几千年发展过程中的文化积淀与凝练，其涵盖的巨大精神价值具有鲜明的历史传承性，为后世人们认识和改造世界提供了有益的文化滋养和思想启示。中华优秀传统文化核心精神理念是对世界观、人生观、价值观客观认识的思想凝聚，对大学生创业教育提供了有益的精神启迪。通过梳理相关文献并综合归纳，与创业教育相关的优秀文化思想包括以下四个方面。一是天下为公，崇尚大同。这是以天下为己任的大同思想。二是诚实守信，重义轻利。这是讲诚信、重道义的义利思想。三是推陈出新，革故鼎新。这是弃糟粕、善革新的创新思想。四是贵和尚中，内圣外王。这是重和谐、尚包容的和合思想。将中华优秀传统文化中的优质精神理念在新时代发扬传承，有效融入大学生创业教育中，不仅能够在一定程度上规范大学生的创业行为，强化创业成才的能力素养，培养有担当、善创新、心怀创业梦想的奋斗者，还能引导创业大学生去功利化，促进创业精神和完美人格的有效培养。

1. 树立“天下为公，崇尚大同”的创业理想

当前，在“大众创业、万众创新”的时代背景下，大学生创业者由于缺乏强有力的创业精神支撑，没有树立远大的创业理想，导致他们在创业心态上还存在功利思想和浮躁情绪，创业行动持续性和精神动力不足，创业目标迷茫。因此，深入挖掘中华优秀传统文化精髓的当代价值，引导大学生崇尚“天下为公，崇尚大同”的宏伟志向，将实现个人价值与国家社会发展紧密相连，树立远大的家国创业理想。《礼记·礼运大同篇》中孔子说：“大道之行也，天下为公，选贤与能，讲信修睦……故外户而不闭，是谓大同。”大同社会中，天下为公带有无私、共享之意，天下不再是一个人的天下，而是所有人的天下，倡导的是一种社会公平、人人平等的理念，将家国情怀融入个人发展之中。古人对大同世界的认识和期待是那个时代背景下民众的独特而美好愿景，也是中华民族世世代代梦寐以求的社会理想。古人眼中的大同世界是人与自然和平共处、社会和谐安定、各种事物组织有序、科学合理发展的理想生存环境，这同新时代中国梦和人类命运共同体的视角相契合。北宋思想家、教育家张载倡导“为天地立心，为生民立命，为往圣继绝学，为万世开太平”，其中“为天地立心”是人民的共同价值理想，“为生民立命”是人类永续发展、不断进步的美好期待，“为往圣继绝学”是中华优秀传统文化的传承与发扬的号召，“为万世开太平”是人类持续和平与和谐发展的愿景，其倡导的价值理念和对社会发展的美好愿景也体现了天下大同的思想。因此，高校应用“大同思想”的美好愿景引导大学生树立正确的创业价值观和远大的创业理想，以天下为己任，激发大学生的创业热情，强化创业使命感和责任感，将个人梦想同中国梦和人类命运共同体紧密融合，通过创业实践活动推动社会的发展与进步，为构建古人眼中的“大同世界”和新时代的人类命运共同体做出自身的贡献。此外，高校应教育引导大学生树立“天下为公，崇尚大同”的理念，将个人的创业意愿同国家、社会的发展相融合，可使大学生转变重显性价值的获得、轻隐性价值的实现；转变以自我为中心、轻国家社会的错误观念；结合自身的专业知识和聪明才智，在创业实践中不断开拓美好的新局面，将个人价值和社会价值的实现有

机统一起来。

2. 构建“诚实守信，重义轻利”的道德规范

诚实守信是中华民族历来所崇尚的基本道德准则，然而，在经济社会飞速发展的时代，一些人面对物质诱惑，视中华民族传统的道德共识而不见，同时受到错误义利观的影响，做出一些不诚信、见利忘义、有损公德的行为，急需正确的诚信观和义利观的有效引导。《论语·卫灵公》中说：“言忠信，行笃敬，虽蛮貊之邦，行矣。言不忠信，行不笃敬，虽州里，行乎哉？”意为只要讲诚信，任何艰难险阻的道路都能行得通；如果不讲诚信，就是在自己的家乡也是无法生存的。在古人的理念中，诚信是立足之本，是最重要的品质。在中国古代商业活动中，一些取得巨大成功的商人无不重视诚信的重要性。《荀子·王霸》中说：“商贾敦悫无诈，则商旅安，货通财，而国求给矣。”现实情况也证明了诚实守信为商业兴旺带来的推动效果，可见，古人眼中的诚实守信在诸项事物的发展中起到了重要的作用。此外，中华优秀传统文化中的义利观崇尚“见利思义”“不义而富且贵，于我如浮云”“义然后取”“舍生取义”，突出“义”前“利”后。《论语·里仁》中说：“君子喻于义，小人喻于利。”意为君子注重诚信道义，小人则追逐眼前的利益。古人眼中的“义”和“利”是辩证来看的，重义轻利，并不是完全否定对“利”的追求，而是在“义”的引导下，秉承“君子爱财，取之有道”的原则。当代社会，部分无良创业者将“义”抛于脑后，以追求利益最大化为创业目的和人生准则，制造了诸如毒奶粉、地沟油、假疫苗等“见利忘义”诸多不诚信行为，出现了以次充好、假冒伪劣、投机倒把等无良现象，给社会造成了严重的不良影响，在这种大环境背景下，大学生创业者的思维也受到一定的影响。因此，要让创业的大学生摒弃这种不诚信、见利忘义的不良行为，就必须借助中华优秀传统文化所蕴含的“诚实守信，重义轻利”的道德力量去规范，需要借鉴中华优秀传统文化中的传统道德教化资源，通过“君子修其道德，不为穷困而改节”“小胜靠谋，大胜靠德”“艰苦创业”的理念引导大学生创业者在道德和法律的允许下正当谋取利益，同时树立全面的创业道德认知，践行创业道德行为，指引大学生创业者在充满各类诱惑的复杂社会环境中不迷失自我，坚守道德底线，以正确的诚信观和义利观约束自己，促进大学生创业实践的良性发展。

3. 激发“推陈出新，革故鼎新”的创新意识

创新和创业是相辅相成、不可分割的关系，创新是创业的灵魂和基础，创

业则是创新的实施载体。创新是企业生存和发展的动力之源，如果没有持续的创新，一个企业就无法长期生存，没有核心技术和竞争力就会被残酷的市场所淘汰。因此，创新能力是一个创业者必备的基本能力素质，大学生创业教育需要强化创新意识和能力的培养，以创新带动创业，以创业激励创新。中华优秀传统文化蕴含了丰富的创新意识和理念，除旧更新是符合事物发展规律的过程，历代历朝的维新、变革皆体现了“苟日新，日日新，又日新”的开拓创新精神。早在《周易・革卦・彖传》中就提出：“天地革而四时成，汤武革命，顺乎天而应乎人。”意为不仅求变，倡导顺乎天而应乎人的革命性变革。西周史伯在《国语・郑语》中提出：“和实生物，同则不继。”意为事物如果完全一致则无法继续发展，只有在和谐的基础上不断创新变化才能促进事物的持续发展。先秦《管子・正世》中提出：“不慕古，不留今，与时变，与俗化。”意为不崇尚原来，也不停留在现在，一切都应与时俱进，不断变化。先秦《周易・系辞下》中提出：“穷则变，变则通，通则久。”意为到了穷途末路，变化就能走得通，能走得通就能走得更长久，体现创新是事物持续发展的动力之源。老子在《道德经》中提出：“道生一，一生二，二生三，三生万物。”这里提到的“生”，可以理解为创造一种新事物的方式、途径，在道的指引下推陈出新贯穿于人生的始终，鼓励人们以一种自我革新的方式按照时代发展的变化不断创新，改变因循守旧的落后思想，充分体现生命之道中的变化和社会发展之道中的革新理念。近代康有为在《进呈俄罗斯大彼得变政记序》中说：“变者，天道也。”他指出创新变革是事物的发展规律，是天经地义的事情。此外，诸如古诗“人事有代谢，往来成古今”“沉舟侧畔千帆过，病树前头万木春”“芳林新叶催陈叶，流水前波让后波”“长江后浪推前浪，世上新人赶旧人”等，这些古人的诗句无不体现了除旧迎新、开拓进取的事物发展规律，揭示出创新与变革是任何一个时代都应遵循的客观准则。在古人眼中，强调“推陈出新，革故鼎新”，尊崇摒弃旧事物，发展新事物，既正确面对过去，也要变革创新放眼将来，面对不同的境遇，不因循守旧，时刻保持创新变革的思想理念。当前，大学生创业教育需要创新，要更加注重大学生“革故鼎新”的创新意识，使其解放思想、与时俱进，实现创业中的因“新”而致优，因“变”而达美。高校应坚持以改革创新为核心的时代精神为指引，借鉴中华优秀传统文化资源中的创新智慧，培养大学生创业中的创新意识，激发创新兴趣，强化创新能力，磨砺创新品质，以期适应新时代背景下的创业实践。

4. 锤炼“贵和尚中，内圣外王”的意志品格

当前，大学生群体思想整体上是积极向上、充满激情和活力的，然而，受到时代变迁、经济社会发展、社会不良风气等多种因素影响，也表现出以自我为中心、处理问题有急躁情绪、不能包容失败等心理和意志品格问题。大学生在创业过程中，由于自身克制力不够、适应能力不强、意志力不坚定，从而导致创业成功率不高，或者创业后企业生存发展的持续时间不长等现实问题。在影响大学生创业的多方面因素当中，创业精神、创业能力是重要的影响因素，但不可忽略意志品格在创业成功方面的支撑作用。中华优秀传统文化中包含了丰富的精神财富，其崇尚“贵和尚中”，倡导“中和”思维取向，鼓励人们以包容的心态做到不骄不躁，以“内圣外王”的人格特质处理遇到的各类问题。“和”字在语义上包含了和合、和顺、和谐、适合、中和、和睦、和解等多个含义，既是一个寓意美好的词语，也是一种民族精神的向往和追求。孔子创立的儒家学派在治国理政、行事做人等方方面面都体现出“和合”的价值取向，《论语》中提到“礼之用，和为贵”，遵循以和为贵的原则。战国子思在《礼记・中庸》中提出“致中和，天地位焉，万物育焉”，意为只要实现“中和”的态度，万事万物就能各自安好，各行其是。中国历史上出现的儒商，其经商的核心理念就是“和气生财”。古人崇尚的“贵和尚中”文化理念，具有凝聚团结、利弊调和、价值激励、行为规范、观念综合等功能，“贵和尚中”既是一种思维取向，也是一种人格品质的修为目标，尚“和合”的理念贯穿于中华优秀传统文化始终。此外，“内圣外王”也是儒家所推崇的修身为政的理想标准，其核心含义是：对内要达到圣人的精神境界，对外则要在现实中建功立业；对内能够克己复礼，对外则能够心怀天下。在大学生创业实践所需要的意志品格中，适度性、克制性、缜密性、合作性、包容性等性格品质皆体现在“贵和尚中，内圣外王”的思想之中。高校应以中华优秀传统文化为切入点，结合当代大学生的认知和性格特征，引导大学生秉承“持中”“和合”“修己安人”“明德至善”的处世之道，正确处理创业中的各种人际关系问题和遇到的诸多困难，加强自身内在的修养，潜移默化地摒弃浮躁的情绪和急功近利的思想，激发大学生“修身正心”“天人合一”“推己及人”的意志品格，不断培养“贵和尚中，内圣外王”的健康人格品质，遵从创业规律，理性看待失败，顺应时代发展，和谐创业。

第二节　大学生创业教育的内容及方法

一、大学生创业教育的内容

（一）创业教育知识的培养

大学生创业教育是一项复杂的教育系统工程，它涵盖诸多方面的内容。高校应在激发大学生创业意识和培养创业精神的基础上，教授大学生掌握有关创业的基础理论知识。创业活动涉及的领域众多，这就要求创业者必须具备创业所需要的管理学、经济学、商学方面的知识以及相关法学知识。在大学生创业教育过程中，高校必须帮助大学生构建系统完善的创业知识架构，构建全方位的内容体系，使他们在学习知识的同时进一步增强创业意识和创业精神。我们只有掌握创业知识才能提高大学生创业的综合素质，大大地增加创业实践活动的成功概率。

（二）创业精神的培养

创业精神是一种意识形态，主要体现在创业者所具备的创新思想观念、个性品质和工作作风等方面。不同的学科层次对创业精神也有着不同的解释。首先，在哲学方面，创业精神是基于创业的理性认识；其次，在心理学方面，创业精神主要指创业者的创业意志和创业个性，这是创业者必备的心理基础；最后，在行为学方面，创业精神是指创业者的创业作风和品质，主要体现为创业者进行创业的行为模式。在创业教育过程中，我们要关注、培养大学生的创业精神。

（三）创业技能的培养

创业技能其实是一个比较综合的称呼，指创业者所应具备的能力。它涵盖处理创业过程中所有的事务性工作的能力，还有创业层次及发展进程的决策，再到人力资源配置及使用管理，以及所有具体工作的运营。这些都贯穿在整个创业过程经费的统筹及分配使用当中。这是创业的本质需求，也是创业成功的核心。培养大学生的创业技能是创业教育的重要内容和关键环节，是实现由理论知识向实际能力的转化，对大学生的创业实践活动有着至关重要的作用。创业技能包括创新能力、企业运营管理能力、判断决策能力、业务技术能力和协

调配合能力。

（四）创业者心理品质的培养

创业的道路上充满着荆棘和险阻。自主创业实际上就是要独自面对社会，面对这个社会上复杂的环境和诡秘的对手。无论我们遇到什么问题都要科学地找对策，都要保持冷静，妥善处理在这个过程中遇到的一系列问题，并且能有效地解决，这些都对创业者的心理品质提出了很高的要求。创业者的心理品质主要包括其人格特质、创业信念等。我们要能够做到很好地调适自己的心理变化，对自己的情感很好地进行掌控。

万事求全的心理倾向是比较极端的。大学生创业者应该正确地定位自己，能很好地认识这种比较极端的心理倾向误区，并且可以有效应对各类突发的创业难题。这同时与创业者固有的人格特质和气质有着极为密切的关系，反映了创业者的意志和情感。在创业教育开展的过程中，我们需要统筹考虑经济和社会发展各方面的需求，结合当前大学生的个性特征，培养他们自立、自信、自强的心理品质，使他们能够正视在创业计划实施过程中遇到的困难和挫折，并能解决问题，肩负起社会责任，取得创业的成功。

二、大学生创业教育的方法

深化创业教育改革首先要推动教学方式与手段的变革。对大学生创业教育方法进行梳理和分类，形成系统完善的以启发式、探究式、参与式、应用式为主体的教学方法体系，可以有效改善教学方法单一、教学效果不佳的情况。

（一）启发式教学法

1. 讲授法

讲授法是最基础的教学方法。这是一种教师主要通过口头语言表达、运用教学设备展示向学生描述情境、解释概念、讲解知识和讲述原理，启发学生记忆与思考的教学方法。它的主要作用是传授新知识、巩固旧知识。

2. 提问法

提问法是教师根据学生已有的知识与经验，有针对性地向学生提出问题，并引导学生进行思考与作答，进而获得创新创业相关知识的教学方法。其特点是有问有答，能激发学生主动思考，教师与学生之间能实现双向互动交流。

3. 头脑风暴法

这是一种用来产生创意的方法。教师提出一个主题，学生们围绕主题在规定的时间内以小组形式进行讨论，畅所欲言地提出不同的想法和各种解决问题的办法，最终分析总结所产生的想法，并进行分类，做出选择。

（二）探究式教学法

1. 案例分析法

案例分析法是在理论教学的基础上，通过引导学生对具体的、现实的创新创业案例进行分析讨论，找出问题所在，提出解决办法，以提高学生系统分析问题与解决问题能力的教学方法。

2. 讨论法

讨论法主要是围绕创业过程中的某一问题，由教师引导学生展开讨论，寻求解决问题的各种可行性方案，以提高解决问题的效率。讨论法能发挥学生的主动性和积极性，培养学生的独立思考能力、分析判断能力和语言表达能力。

（三）参与式教学法

1. 角色扮演法

角色扮演法是教师在教学过程中为学生创设一个创业过程中会发生的情境，组织学生对出现的问题进行分析思考，并指导学生扮演其中的角色，展示相应的情况，再尝试通过不同途径解决问题的教学方法。

2. 游戏法

游戏法是在一定的游戏规则下，学生通过做游戏的方式，体验创新创业过程的教学方法。SYB 创业游戏、五元钱大挑战和沙盘模拟等模拟企业经营的创业游戏能让学生在游戏中体验创业角色，感受创业过程。这不仅能培养团队精神，还能全面提升创业能力和管理能力。

3. 参观考察法

参观考察法要求教师根据教学任务要求，组织学生到企业、科技园区、创业园区、众创空间、创业咖啡、创业项目孵化器和大学生创新创业实践基地等场所，开展学习参观、创业者访谈、市场调查、项目设计、成果转化、企业创办等创业实践活动。

（四）应用式教学法

1. 练习法

练习法是教师在课堂上给学生布置指定的练习任务，通过完成作业检验学生对知识的掌握情况的教学方法。练习法对于巩固知识、引导学生把知识应用

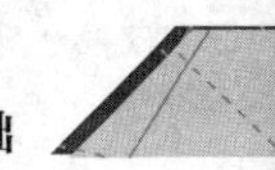

于实际、发展学生能力具有重要作用。

2. 项目法

项目法是在教师的指导下，学生通过项目这个载体以小组合作的方式共同制订计划，并通过自主学习将理论知识应用于实践的一种教学方法。通过让学生实际参与设计和完成一项创业计划、创业实践活动或创新创业竞赛，学生可以模拟或真实体验创业的过程。

除了以上教学方法外，创业画布、世界咖啡、创业讲座等教学方法也广泛地运用于创业教育教学和实践过程中。

三、大学生创业教育教学方法的选择与运用

在教学过程中，教师能否正确选择教学方法将影响教学质量，因而教师要按照一定的原则选取适当的教学方法，并对其进行优化组合。这样才能保障教学效果，实现教学目的，提高教学质量。

（一）以学生发展为中心

构建科学合理的创业教育教学方法体系的目的在于推动大学生树立创业学习意识，提升创业实践能力，进而提高创新创业教育教学水平和教学质量。因而在大学生创业教育教学方法的选择上，教师要坚持以大学生发展为中心的理念，围绕大学生的个性特征、兴趣爱好、专业背景、认知能力、创业意向等方面进行分析，有针对性地选择和运用合适的教学方法。

（二）以教学目标为导向

教学方法是为了完成教学任务、实现教学目标而采用的一系列方法与手段。大学生创业教育的教学目标是使大学生掌握创业的基础知识和基本理论，熟悉创业的基本流程和基本方法，了解创业的法律法规和相关政策，激发大学生的创业意识，提高大学生的社会责任感、创新精神和创业能力，鼓励大学生创业就业。课堂教学要根据知识讲授、能力培养、价值引导、创业需求等目的，灵活运用不同的教学方法。

（三）与教学内容相适应

教育部出台的一系列相关文件，要求高校面向全体学生开设“创业基础”必修课，并颁布“创业基础”教学大纲，对高校创业教育提出明确要求。课程内容包括创业、创业精神与人生发展、创业者与创业团队、创业机会与创业风

险、创业资源、创业计划、新企业的开办等。不同的教学内容需要采用不同的教学方法进行教授，有时候为保证教学效果还可以同时采用几种教学方法。

（四）与教学条件相匹配

每种教学方法都有与之相匹配的适用范围和使用条件。大学生创业教育的实施离不开优质教学环境的支持。高校要改善教学条件，加大设施投入，建设大学生创业园和创新创业实践基地，构建创新创业教育平台与网络，使操作型和实践型教学法有适合的教学场所与条件。

（五）与教师素质相联系

教学方法的选择不仅要观照学生的特点与需求，还要兼顾教师本身的素质，任何一种教学方法的选用，只有适应教师的素养条件，能为教师所理解和掌握才能发挥作用。大学生创业教育是一种区别于其他教育的教育类型，它对教师提出了许多新要求。教师不仅应当具备扎实的教学基本功，还要掌握丰富的创新创业理论知识与技能，善于指导大学生开展创新创业实践。

（六）与授课时机相对应

创新创业教学方法的选择不是随性随机的，而是经过精心设计与布局的。课前，教师经常会温习旧知识，引出新知识，这时讲授法和提问法就能发挥最佳作用。课程开始后，随着时间的推移，学生的注意力会下降，为了引起学生的兴趣，吸引学生的注意，教师可以采用探究式和参与式教学法，通过互动、分享与体验让学生的注意力回到课堂上来。课程结束前，为检验学生学习的效果，教师可以使用应用式教学法考查学生运用知识分析和解决问题的能力。

第三节　我国大学生创业教育的发展历程

一、大学生创业教育发展阶段

（一）初始探索期的大学生创业教育

这一时期为1997年至2001年。1997年，清华大学成功举办了“创业计划大赛”，标志着我国高校创业教育的开端，自此，国内高校开始了大学生创新创业教育的探索与实践。部分高校从创业课程教育、创业教育实践、创业教育

模式等角度进行了有益的尝试，取得了一定的教育实效。如清华大学以创业大赛为载体推进创业教育；复旦大学则深化课程体系改革，强化创业知识和技能类的课程体系建设；华中科技大学依托科技园、孵化器等平台为大学生提供资金和技术支持，各类措施充分激发了大学生的创业激情和梦想。此外，国家和政府也相继出台了相应的创业政策，一定程度上促进了高校创业教育的有序开展，推进了大学生创业教育的持续发展与实践。

虽然这一时期大学生创业教育取得一定的发展，但各个高校的大学生创业教育还处于萌芽和探索阶段，教育的理念和体系还很薄弱。这一时期，大学生的创业行为和心理特点是缺乏创业能力和创业热情。虽然新兴的产业和业态已经凸显了创业机会，但是大学生受多方面因素影响，还不能有效地将创业机会转化为创业实践，创业过程中的价值取向问题也接踵而至，使创业在那个时期的大学生看来是一种“不靠谱”“不切实际”的想法。导致这种现象的原因主要有三个方面。第一，大学生个人对创业教育的认知不足，由于缺乏专业化、体系化的创业教育培养，大学生自身的创业能力较弱，同时，创业价值导向还存在一定的偏差。与传统的教育观念相比，部分高校更容易故步自封、安于现状，致使大学生创业的激情和内生动力不足。第二，在这一时期，社会整体鼓励创业的氛围尚未形成，无法有效成为大学生创业的助推动力。由于当时创业教育理念才刚刚兴起，整个社会对大学生创业教育还缺乏足够的关注，以致营造的鼓励创业的氛围还不浓厚，以创新带动创业、以创业促进就业的机制和体制还不健全。第三，这一阶段，国家创业政策层面还缺乏有力的制度支撑。受到当时经济社会发展因素的限制，一系列大学生创业相关的法规和文件尚未出台，规范和制度的缺失也难免造成大学生创业教育的缺位。因此，这一时期被看作大学生创业教育的初始探索阶段，亟待良好的社会氛围驱动创业教育的发展。

（二）稳定推进期的大学生创业教育

这一时期为 2002 年至 2009 年。2002 年 4 月，教育部经过调研确定了清华大学、上海交通大学、黑龙江大学、西安交通大学、武汉大学、中国人民大学、北京航空航天大学、西北工业大学、南京财经大学九所大学为创业教育试点院校。教育行政部门介入大学生创业教育标志着大学生创业教育由初始期转为稳定推进期，进入了探索创业教育规律的关键阶段。伴随着创业教育的深入开展，部分高校将创业教育纳入人才培养体系当中，创业教育理念已然深入高校育人的方方面面。在这一阶段，高校结合各自的校本实际，开展了丰富多彩的创业教育实践探索。如北京航空航天大学成立了专门的创业管理学院，专门研究和开展创业教学和科研管理工作，以培养大学生的创业意识和创业精神为重点，推进大学生创新创业教育的有效开展；黑龙江大学构建了“融入式”创业教育模式，将创业教育理念融入人才培养的过程，为推进创业教育起到了示范、引领作用；上海交通大学以素质教育、终身教育、创业教育的“三个基点”和专才向通才转变、传授向学习转变、教学向教育转变的“三个转变”为统领，构建了创业型人才培养模式。随着试点院校的工作推进，其他高校也纷纷结合各自的实际积极探索创业教育的理论模式、课程建设、实践体系、运行机制，积累了一定的经验和成绩，为推动我国高校的创业教育发展提供了理论和实践的支撑。

2003 年，教育部相关部门先后召开了多次创业教育试点院校座谈会，举办了首期“全国创业教育骨干教师培训班”，培训班上还介绍了国外高校创业教育的经验，鼓励高校借鉴别国的优秀创业教育成果开展实践，随之而来的是国内各高校兴起的创业课程教育浪潮。在这一时期，高校开展的创业教育使大学生的创业意识有了显著的提升，创业精神得到了一定的激励和塑造，创业能力也得到了一定的内化与提升。越来越多的高校开始认识到创业教育的重要性，通过创业教育与创业实践活动的深入，大部分大学生能够体会到国家和社会对创业教育的重视，能够感受到社会对创业型人才的急切需求，有效激发了大学生结合自身优势开展创业实践活动的信心与决心，大学生创业教育发展稳定推进。虽然这一时期创业教育取得了一定的成绩，大学生创业的理想和信念得到了强化，个人价值也通过创业实践活动得到了一定的体现，但是还存在大学生创业内生动力不足、创业价值观教育引导不充分、创业教育在专业课程和人才培养路径方面还没有充分体现、校园创业文化氛围不浓厚、政府和社会对大学生创业就业的转变方式支撑力度不够等问题。由此可见，这一时期的大学生创业教育有待进一步加强和深入发展，创业教育体系还有待完善。

二、我国高校创业教育取得的成就

（一）大学生创业教育实践体系粗具规模

大学生创业教育是理论和实践相结合的教育，实践是创业教育的重要环节，加强实践环节能够巩固大学生创业知识、激发创业活力、提升创业实战能力，是将知识转化为实际应用的必经之路。西方发达国家高度重视大学生的创业实践，通过多种形式拓展实践路径，引导大学生参与实践，提升实践能力。自从创业教育引入我国开始，高校都在积极吸收和借鉴国外创业教育实践方面的有益经验，开展大学生创业教育实践体系的探索，至今，大学生创业教育实践体系粗具规模。

首先，在国家层面，各类国家级创业竞赛的举办，提升了大学生的创业能力，丰富了大学生实践载体。每年由国家和各省市举办的各类创业大赛和创业交流活动不仅数量多，而且大学生参与面广。例如，当前国内最具影响力的"互联网 +"大学生创新创业大赛，以及"挑战杯"中国大学生创业计划竞赛、"创青春"全国大学生创业大赛等，已经形成了国家、省、市、校四级竞赛规模体系。中国"互联网 +"大学生创新创业大赛吸引了全国各地方的大学生及团队参加比赛，而且影响大、覆盖广，为大学生提供了多个层次的创业实践交流机会。

其次，各地方政府、高校也积极开展大学生创业实践的探索，成立大学生创业园、创业孵化器、大学生科技创业实践基地、创客空间等，助力大学生创业实践的有效开展。个别地区还充分发挥创业产业园的科技集群优势，为大学生的科技成果转化提供了支撑，依托创业园区企业的入驻，实现大学生创业实践的产、学、研、创有机融合，为大学生创业实践营造了优质的环境氛围。此外，部分高校也结合各自校本实际，多渠道、多角度创新载体，鼓励大学生参与各类创业实践活动，如为大学生提供创业辅导培训、免费的创业基地项目孵化，配备校内外创业实践指导教师，提供创业融资、法律援助、项目咨询等多方面的服务等，切实为大学生创业实践提供全方位、立体化的支持。

总体来看，通过对大学生创业教育的实践探索，我国大学生创业教育实践体系粗具规模，初步形成了国家、社会、高校的三级协同联动机制，为大学生创业教育实践提供了一定的氛围保证。

（二）明晰了创业教育的基本内涵

创业教育是以启发大学生创新、创业意识的，致力于提升其创业能力与素质的教育；是可以与专业教育、职业教育、成人教育相结合的，可以通过渗透的方式在这些教育领域实施的、具有独立精神的价值的一种教育形式。经过多年的探索与发展，各高校基本上在创业教育的概念、实施方式、精神价值与实践意义等方面达成共识，而且明确了创业教育与普通教育、职业教育、成人教育之间的关系，为推动创业教育在不同教育类型中的发展提供了理论与实践的依据。

（三）探索形成了典型的创业教育模式

2002 年 4 月，教育部确定了清华大学等九所大学为创业教育试点院校，以此激励高校积极探索创业教育模式。历经 20 年的发展，我国初步形成了三种比较典型的创业教育模式，即课程化创业教育模式、实践化创业教育模式、融合式创业教育模式。

课程化创业教育模式以大学生创业精神和创业意识的培养为重点，以大学生创业所需的知识结构和能力需求为出发点，倡导第一课堂和第二课堂相互结合，通过创业教育讲座和竞赛活动，辅之以创业项目的实施和指导开展大学生创业教育。

实践化创业教育模式以北京航空航天大学和西安交通大学为代表。实践化创业教育模式注重大学生创业技能的获取，高度重视大学生的创业实践，积极鼓励大学生参与创业实践，通过大学生创业园、创业孵化器、大学生融资平台，让大学生在创业实践中积累创业经验，提供创业融资和相关事务咨询等帮扶，助力大学生成功创业。

融合式创业教育模式以清华大学和上海交通大学为代表。融合式创业教育模式既重视理论课程的讲授，又重视创业实践的重要性。例如，清华大学成立的创业学院由多个部门相互分工合作，在创业启蒙课程、教学实施、创业实践等方面开展创业教育，将理论和实践部分相互融合，有效提升了大学生创业教育的实效性。

（四）界定了创业教育的教学内容

首先，明确了创业教育的外部范畴。这个方面极为重要，创业教育作为一种新的教育形式，其外部范畴是什么必须明确，这既是开展创业教育的前提，也是创业教育与专业教育结合的基础。目前，各高校对此基本上形成一致的看法，即创业教育的外部范畴应该包括创业教育的社会背景、价值理念、价值模式，创业教育在高等教育中的地位与作用、创业教育教学过程的管理等。

其次，明确了创业教育的内部框架。在界定创业教育的外部范畴之后，我们还必须明确其实施框架。各高校在探索中对此也基本上取得共识，即创业教育是一种综合学校办学特色、专业特色的教育方式，其在发展过程中需要确定基本原则、教育方法、教育内容、教育形态、课程体系、评价机制、实施模式、实践教学等问题。

最后，明确了创业教育外部范畴与内部框架之间的关系。这实际上是明确了创业教育自身发展与高等教育发展、经济社会发展之间的关系，体现了创业教育的服务性、动态性的变化过程。

（五）形成了创业教育实施的基本模块

对于创业教育模块，各高校在长期的探索与发展中也已经达成共识，即创业教育主要包括四个方面的模块：理论模块、素质模块、实践模块、实施模块。

首先，理论模块。这个方面的内容主要体现的是创业教育的基本理论问题，包括目标、内容、实施方式、教育内容等。

其次，素质模块。这个模块要阐释的是创业教育所需要的素质，包括创业的意识、心理、能力等。

再次，实践模块。该模块注重创业教育的实践教学，包括实践教学模式、创业模拟方式、实习基地方式，突出创业教育的实践性特色。

最后，实施模块。这个模块主要是明确创业教育的实施方式以及创业教育在具体实践中如何与成人教育、职业教育、普通高等教育、现代远程教育结合、渗透、辐射等问题，如在成人教育领域适合采取辐射模式，在职业教育和普通高等教育领域适合采取结合模式，在现代远程教育领域适合采取渗透模式，由此确立了创业教育发展的领域及其发展的价值。

三、我国高校创新创业教育发展的主要特征

国内高校创新创业教育起步较晚但发展较快，迄今为止经历了近三十年的发展。综观这一发展历程，我国高校创新创业教育发展呈现以下特征。

（一）驱动因素由外向内转变

我国高校创新创业教育发展的主要驱动因素由外生因素逐渐转向内生因素。在启蒙孕育阶段（1989—1998 年）和实质起步阶段（1998—2003 年），直接启动我国引进创业教育概念、开展创业教育实验研究并开始重视、加强对高校师生的创业教育的是联合国教科文组织召开的“面向 21 世纪教育国际研讨会”与首届世界高等教育会议及其相关精神。而标志我国高校创新创业教育正式启动的 1999 年首届“挑战杯”中国大学生创业计划竞赛主要参考了美国大学流行的商业计划竞赛。及至探索借鉴阶段（2003—2007 年），促使我国高

校创业教育的主要功能向促进大学生就业转变的主要因素是国内大学扩招引发的大学生就业难问题，但在创业教育的形式和内容上仍主要借鉴国外就业指导和职业生涯发展规划理论以及引进联合国国际劳工组织开发的 KAB 创业教育项目。在全面推进阶段（2007 年至今），驱动国内创业教育发展的主要因素是我国建设创新型国家与发展创业型经济的国家战略决策等内生因素。

（二）发展变革由政府自上而下主导

我国高校创新创业教育在发展变革上具有由政府自上而下主导推动的显著特征。一方面，由于我国用自改革开放以来 40 多年的时间走过西方 300 年的发展路程，在此大背景下我国高等教育发展的总体趋势使然。另一方面，我国高校办学经费与办学绩效评价都由政府的行政管理主导，这种过于封闭的办学模式使社会力量对高校的引导和制约机制尚不完善，从而使国内高校缺乏主动引进国外先进教育模式的动力，亦缺乏面向国内经济社会发展形势进行主动变革的压力。因此，由政府主导的发展模式对于我国高校创新创业教育既是外在总体趋势使然，又是内在管理机制使然。它使我国高校创新创业教育在不到 30 年的时间里从无到有，现已奠定指导管理机构设置、人才培养标准、课程体系、教学与管理要求等基本架构。但这种由政府主导的行政化组织管理模式导致国内高校在创新创业教育发展上以外部政策驱动为主，内生性动力明显不足，政府和高校管理层虽大力倡导，但高校教师、学生等其他主体参与度不够高。

（三）政策导向由功利性向战略性转变

随着主要驱动因素由外生逐渐转向内生，我国高校创新创业教育的目标与定位也由促进大学生科技创新与缓解大学生就业难问题等功利性权宜之计，向培养大学生创新创业素质，努力造就“大众创业、万众创新”生力军的长期战略性政策转变。这种转变进一步体现在我国高校创新创业教育对象由早期极少数重点试点院校的精英学生转变成面向所有大学生，教育内容与教育方式也由早期以创业计划竞赛和创业实践为主，演变为包括职业发展与就业指导、创新创业理论教学、创新创业案例分析、创新创业项目训练、创业模拟分析、创业计划竞赛与创业实践指导孵化等多方面、多形式和多层次的体系。

第四节　大学生创新创业教育的理念及意义

一、大学生创新创业教育的理念

（一）树立“以用户为中心精准指导”的教育理念

随着信息技术在我国的迅速发展，当代大学生对教师的期待更多体现了粉丝心理，他们对教师的要求不只是知识与技能方面，还包括形象要求、人格魅力期待、社交分享、情感诉求等方面。这就要求高校创新创业工作者不能“满堂灌”，将庞大的知识体系与技能体系用较为复杂的方式传授给大学生，而应该深入研究大学生的粉丝思维、焦点思维、第一思维、碎片化思维、快一步思维，了解如何帮助崇尚娱乐化与简约化方式的大学生在故事中获取知识、在简约中收获感悟。因此，高校创新创业工作者要深入思考如何让“互联网+”与创新创业教育产生良好的“化学反应”，在工作中既要用互联网与移动互联网思维武装自己，又要研究大学生群体的需求，还要从需求出发用娱乐化方式引领大学生群体在创新创业技能与素养上的双重提升。

（二）探索“面向全体学生”的具体教育方式

创新创业教育并不是单纯地教大学生如何创办企业，它的核心是全面提高大学生的创新创业素质。以这一思想为指导，我们要在实践中探索“面向全体大学生”的具体教育方式，彻底改变“精英教育”的运行模式，既不能只针对商学院的大学生，也不能只针对想要创办企业或者参与创业计划竞赛的少数大学生，而是要面向全体大学生。要做到这一点，最为关键的是破除广泛开展创新创业教育的观念性障碍，对“创办企业”“培养老板”等“窄化”的创新创业教育内涵，以及严重滞后于创新创业教育发展现状的教育教学目标进行观念澄清，探究创业型大学建设在体制机制和队伍建设等方面的具体做法，探索构建与“大众创业、万众创新”相匹配，面向全体大学生广泛开展创新创业教育的本土化教育体系。

（三）确定“结合专业教育”的主要途径

高校创新创业教育在于广泛地“种下创新创业的种子”，为高校毕业生设定“创业遗传代码”，这就在客观上要求创新创业教育不是面向工程、艺术、科技等少数专业的“精英教育”，而是普遍培养和提高所有专业大学生创新意识和创新能力的“广谱式”教育。以这一思想为指导，我们要在实践中确定“结合专业教育”的主要途径。创新创业教育必须与专业教育相结合，这一观念已经在学术界达成了共识。关键是如何找到合适的途径，克服结合过程中的障碍。而要从根本上破解这一难题，必须将深化高校创新创业教育改革与推进高等教育综合改革紧密联系，从厘清创新创业教育目标要求和人才培养定位入手，挖掘和充实各类专业课程的创新创业教育资源，在专业教育教学中渗透创新创业教育的理念和内容，在传授专业知识的过程中加强创新创业教育。

（四）丰富“融入人才培养全过程”的科学载体

创新创业教育要获得深层次的发展，必须走出“表层教育”的初级阶段，全面推动高校教育教学改革，构建创新创业教育体制机制。以这一思想为指导，我们要在实践中丰富“融入人才培养全过程”的科学载体。创新创业教育要在纵向上贯穿大学生在校学习的全过程，在横向上打通学校教育、家庭教育和社会教育的各个环节，不仅要立足于高校自身，更要立足于经济发展方式转变的现实需求；不仅要基于创新创业教育本身，更要实现“课内课外相衔接、教育实践一体化”，着力促进全体大学生创新创业素质的训练和提升。在此过程中，我们要推动高校与政府和企业的沟通、联系，探索建立校校、校企、校地、校所及国际合作的协同育人新机制，建立健全知识资本化、创新商业化的科学路径，积极促进和努力形成大学在新经济中的中心地位，形成大学—企业—政府“三螺旋”关系，积极吸引社会资源和国外优质教育资源投入创新创业人才培养，全面推动高校创新创业教育深化改革。

二、高校创新创业教育的发展困境

（一）学科定位不够明确

在当前的高等教育领域内，有相当一部分高校尚未将创新创业教育纳入教育发展体系中，而是将创新创业教育简单地归为管理学科或经济学科的教学范围，导致创新创业教育学科定位模糊，在高等教育体系中的学科地位呈现被边缘化的态势。这实际上是源于教育管理者的错误认识——认为创新创业教育只是面向少数有创业意愿的大学生开设的传授创业经验、培养创业实践技能的课程，甚至将高校创新创业教育作为创业者的速成培训。这种观念忽视了高校创

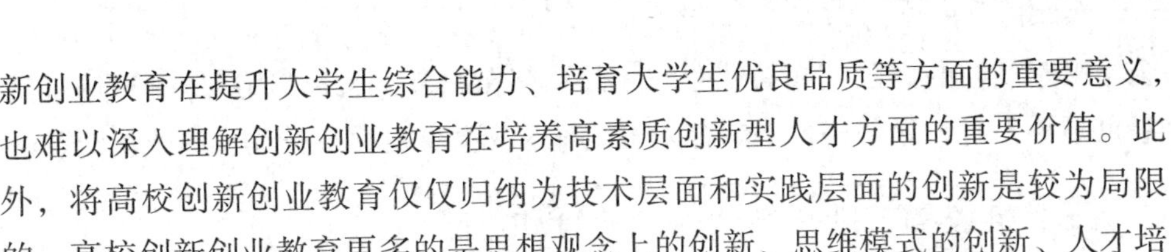

新创业教育在提升大学生综合能力、培育大学生优良品质等方面的重要意义，也难以深入理解创新创业教育在培养高素质创新型人才方面的重要价值。此外，将高校创新创业教育仅仅归纳为技术层面和实践层面的创新是较为局限的。高校创新创业教育更多的是思想观念上的创新、思维模式的创新、人才培养方式的创新。

（二）创新创业教育与专业教育体系尚未充分有机结合

许多高校的创新创业教育课程仍停留在对创业的行为技能进行培养和训练的基础上，不仅课程内容与专业学习之间联系甚微，而且高校创新创业教育的实质内涵未能纳入人才培养体系，导致高校创新创业教育大多没有被纳入学校的学科建设规划、人才培养目标、师生激励导向、质量评价体系之中。高校创新创业教育是专业教育的有机构成，是专业教育在知识经济时代创新性、前瞻性的集中体现。高校创新创业教育绝非游离于专业教育之外的培养操作技能的教学活动，它不能脱离专业教育孤立存在，而应该作为专业教育人才培养方案的一部分，寓教于专业教育的培养体系内，以专业教育为载体，同专业教育一道促进大学生的全面发展，培育具有创新精神和创造意识的创新型人才。

（三）高校创新创业教育资源不够充足

高校创新创业教育发展最明显的困难体现在师资力量的匮乏和专业教材资源的短缺上。雄厚的师资力量是高校创新创业教育深入推进的重要保证，是开展高校创新创业教育的关键。这便对教师提出了更高的要求——不仅要拥有广博的相关理论知识，而且要拥有社会阅历、创新精神、创造意识。只有这样，才能培养出创新创业型人才。当前，教师的专业素养还不能满足高校创新创业教育的要求。教师队伍缺乏统一组织和系统培训，尤其相比国外一些发达国家开发的适用于本国高校创新创业教育的教材，我国缺乏从中国发展实际出发编制的本土化优质创新创业教材。

（四）高校与企业难以开展有效的创新创业教育合作

高校的创新创业教育要培养大学生的创新精神和创造意识，引导大学生关注现实问题，并能够用创新思维解决个人问题和社会问题。然而，大学生的创业成果以及大学生接受的创新创业教育的成效依旧有待考量。因此，在校企合作的过程中，企业更加关注大学生能否承担一定的工作任务，能否为企业带来工作进度和收益，而并不是真正地参与人才培养，给予大学生更多的实践机会。由于高校的办学模式与社会实际需求存在脱节，而且应用型科研的研究成果也不够丰富，导致校企协同育人机制不够完善，难以展开切实有效的合作。

三、推进高校创新创业教育的行动策略

（一）促进高校创新创业教育与专业教育融合发展

由于高校创新创业教育学科定位模糊、学科边界不清，导致高校在推进创新创业教育的过程中没有统一的标准作为参照和遵循。高校创新创业教育的课程地位、实施效果、评价方式也参差不齐。因此，明确高校创新创业教育的学科定位迫在眉睫。高校应单独设立创新创业教育学科，并进行系统的和科学的学科逻辑体系构建、学科课程安排、教师队伍建设及学生培养。同时，高校还应做好创新创业教育的基础文献研究、我国不同类型高校开展创新创业教育的成功案例研究、世界各国高校创新创业教育的比较研究、高校创新创业教育与不同学科专业相结合形成的全新教育模式研究，以明确高校创新创业教育的学科边界与主体领域。高校创新创业教育与各专业教育并非相互对立的，而是相辅相成的。专业教育为高校创新创业教育打下坚实的专业基础，专业教育蕴含的理论知识是大学生创新精神和创造意识的理论支撑，而高校创新创业教育旨在培养大学生的创新精神和创造意识，新的理念能够引导大学生及时掌握本学科领域的前沿知识、前沿信息及前沿成果，将大学生的创造意识植根于专业教育中，提升大学生综合素质，使高校专业教育理论与创新创业教育的实践有机融合。

（二）创设良好氛围，激发大学生创新创业活力

提升高校创新创业教育的“软实力”要营造创新创业的文化环境，学校对于在各项活动中表现优异的大学生应给予奖励或一定的政策倾斜，以激发大学生接受高校创新创业教育的积极性和主动性。学校还可以利用校园的融媒体平台，广泛宣传国家创新创业政策，增进大学生对创新创业教育的了解和认知，同时扩大创新创业成功人士的影响和辐射效应，营造积极进取、勇于创新、乐于创业、敢为人先、不畏险阻的积极的创新创业教育氛围，激发大学生的创业活力。

（三）丰富高校创新创业教育的教师与课程资源

建设一支规模宏大的高质量教师队伍是高校创新创业教育的基础。教师要

不断地进行理论知识的学习和实践技能的训练。学校应该有计划地组织教师参与岗前培训、课程研修、企业挂职锻炼等活动，丰富创新创业教师的专业知识，提升其技能水平。学校还应整合各方资源，建设一支丰富、多元、优质的专业化教师团队，打造具有创新创业理念、理论与实践结合、多学科支撑、操作性强的依次递进、有机衔接、科学合理的高校创新创业教育课程群。而且，学校要引导并鼓励教师在完成教学任务之余，积极进行高校创新创业教育的学术研究，开发兼具系统性、适用性、科学性的本土化优质教材，丰富教育资源。

（四）搭建实践平台，推动校企合作和产学研结合

高校创新创业教育的内容既有理论知识的传授，也有实践技能的锻炼，因而其实践性、操作性的特点更为明显。高校在开展创新创业教育教学活动的过程中，应该将教学内容与实习见习、创业大赛等活动紧密结合，充分发挥各种实践活动的载体功能，并建设好和运用好大学生创业园、大学生科技园、创业孵化基地等平台，实现“教学做合一”。此外，高校还要鼓励以科学研究促进创新创业教育的深入开展，并以学科知识为发展依托，积极寻求校企合作，进一步推进产学研结合，完善高校与地方、高校与企业的多维创新创业实训教学体系，有效地促进人才培养与经济社会发展的紧密对接、融合发展，让创新创业教育更好地为新时代社会主义建设和发展服务。

四、大学生创新创业教育的意义

（一）培养大学生具备创新创业的意识与能力

高校开展创新创业教育是知识经济时代对高等教育的时代诉求，也是高等教育内涵式发展的需要。创新与创业既有区别也有联系，从某种角度上说，二者是辩证统一的关系。一方面，创新是敢于尝试、乐于突破、善于改变的态度和精神，体现为思维上的创造；创业是在社会各领域中探索新机遇、寻求新发展、开创新事业，体现为行动上的创造。另一方面，创新与创业也是辩证统一的。创新是创业的基础，创业是意识层面的创新的外显行为。任何的创业行为都是对自身现存状态的突破，即以批判反思的态度、创新的思维实现对现存状态的改进。可见，创新引领着创业，是创业的意识前提。同时，如果我们仅仅将创新的意识停留于观念和思维层面，就不能真正将其付诸实践，也难以实现创业的成功。因此，创业是创新思维在具体行为上的表现，是创新思维的实践

行动。

高校创新创业教育的核心是培养大学生的创新精神和创业能力，引导高等学校不断更新教育观念，改革人才培养模式、教育内容和教学方法，将人才培养、科学研究、社会服务紧密结合，实现从注重知识传授向更加重视能力和素质培养转变，提高人才培养质量。创新为里，创业为表。二者辩证统一于高校创新创业教育体系中，从观念到内容再到方法，都不再是创新教育与创业教育的简单物理组合，而是对二者的批判继承、推陈出新，折射出新颖而深刻的教育理论与教育实践意蕴。高校创新创业教育以革新传统人才培养方式、推动高等教育内涵式发展为旨归，是一种面向所有大学生、面向未来的教育思想。创新创业教育与应试教育不同，它不再以分数和升学作为鲜明的导向，也不以培养企业家为最终目的，而是通过高校营造创新创业文化氛围，辅以教授相关理论知识与实践技能，培养大学生形成负责任、有规划、知进取、能受挫、不言弃的处世态度与心理素质。高校创新创业教育实现“三融合”，即教师理论知识的传授与大学生实践技能的锻炼相融合、校园生活环境与社会工作体系相融合、高校教学和科研的探索与服务社会的行动相融合，意图通过高校创新创业教育，通过思维能力、个性品质、行为情感等方面的积极引导，培养大学生的创新创业精神。创新创业精神集中体现为一种积极乐观的人生态度、锲而不舍的优良品格和坚韧不拔的意志品质，它将引导大学生对自己的职业规划和人生发展做出客观、理性、真实的评判与筹划。

（二）满足知识经济时代对人才的诉求

在知识经济时代，知识成为促进经济发展和社会进步的强劲动力。拥有众多的知识产权以及丰硕的知识成果是国家综合实力的表现之一。知识经济是以知识创新与科技创新为依托的，而知识创新与科技创新又是以高素质的创新型人才为发展基础的。因此，知识经济的迅猛发展对人才培养提出了新的要求。知识经济时代所需要的人才是具有创新精神、创业能力、合作意识、创造意识的创新型高素质人才。只有更新人才培养观念、革新人才培养方式，才能把握知识经济时代带来的机遇，迎接知识经济时代带来的挑战。

当今世界，虽然各个国家在经济发展、政治制度、文化背景等方面存在差异，但各国皆深刻认识到，高校在建设创新型国家中具有重要作用——高校可以为建设创新型国家提供强有力的智力和人才支持。当前，我国具有自主创新能力的高素质人才还不是很多，人才的创新精神还不够强，创造能力还不够

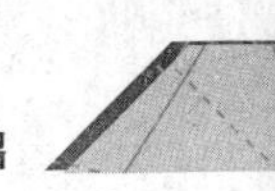

高，这充分体现了我国高等教育在培养创新型人才方面还不能满足当前国家的需要。只有大力培养具有创新精神、合作意识、创业能力的高素质人才，才能满足知识经济时代对高素质创新型人才的需求，才能有效推动经济发展和社会进步。

高校创新创业教育可以培养大学生的创新创业意识和能力，增强大学生的实践才干，提升大学生的综合素质。当前，大学生创业率总体上偏低，这更需要高校加强创新创业教育，牢固树立“以创业促就业”的全面观念与长远观念，培养学生的创新精神，提升创业技能，以创业促就业。从“全面观念”来看，经过高校创新创业教育的毕业生，其工作的主动性和创新意识得到了提升，这为其成功就业以及在就业岗位上的顺利发展奠定了基础；从“长远观念”来看，经过创业教育的洗礼，毕业生在心中种下了创业的种子，当他们遇到合适的创业机会时，创业的意识就会促使他们经由就业走向创业。

（三）实现高等教育内涵式发展

后大众化高等教育时期，高等教育的发展遇到了瓶颈，制约教育教学质量和办学效益的深层次矛盾和问题不断凸显。高等教育亟须实现跨越式、内涵式发展。开展高校创新创业教育可以激发大学生的创业热情，提升大学生的实践能力，帮助大学生树立服务于社会主义现代化建设的事业观和人生观。只有通过创新创业教育，高校才能革新传统的人才培养模式，实现人才培养质量的提升，从而培养具有社会责任感、创新精神和实践能力的高级专门人才。

放眼世界，各国普遍重视高等学校的创新创业教育。欧美一些发达国家已经形成一个完整且成熟的体系，并取得了一些成功经验。因此，开展创新创业教育是当下高等教育发展的潮流与趋势。在全球一体化视域下，积极开展创新创业教育既是顺应国际高等教育发展的趋势，也是当下社会发展对高等教育提出的时代诉求的积极回应。

第三章　互联网时代高校创业教育课程体系

第一节　高校创新创业教育课程的目标设置

一、大学生创业教育课程体系建设的目标

正确定位创业教育的培养目标是构建创业课程内容、选择教学方式方法的基础和前提条件。目标定位的科学合理与否直接影响着创业课程实施的效果。根据我国当前创业教育的发展状况和进度以及国家相关政策文件关于创业教育的基本要求和引导方向，我国创业教育的开展是面向全体大学生的，开展全校性的创业教育旨在培养大学生的基本创业素质，启蒙大学生的创业意识，唤醒和培养大学生的创业精神。但同时高校应分类施教、注重引导，针对确有创业才华和实力的大学生着重培养，为其创业之路提供更多的支持和指导。在具体实施过程中，创业课程内容应与专业特点相结合、强调实践性，在传授创业基本理论和知识的基础上，培养大学生的创业技能和创业实践能力，使其具备创业基本素质和能力。因此，根据对创业教育目标的理解，针对我国创业教育开展情况，结合泰勒“目标源”理论，笔者认为高校创业课程体系的目标构建应从以下三个方面加以定位。

（一）与高校人才培养目标一致

近代高等学校产生于中世纪社会发展对教师、律师、牧师和医生等专业人才的需要，社会赋予高等学校的职能就是培养人才。在多年的高等教育发展史中，尽管人才培养作为大学的一个重要职能始终没有变，但人才培养的规格、

内容和方式方法都发生了很大的变化。因为高等学校的培养目标归根结底要反映一定社会经济发展对人才素质的需求，社会经济环境的变迁和社会需求的变化必然引起高等学校培养目标的变革。

从中世纪大学产生到19世纪中期，高等学校一直坚持自由教育的传统，以培养“绅士”和“通才”为目标，并不承担培养某一特定职业人才的任务。大学在培养目标上并不注重专业知识，而是要使培养的人才智力发达、情趣高雅、举止高贵、注重礼节。那时候科学技术落后，社会分工较粗，对人才的专业性要求不高。高等学校培养通才是无可厚非的。

到了19世纪后期，随着科学技术的发展和工业革命的深化，社会劳动越来越专业化，仅有发达的智力和具有高尚品格的绅士和通才已经难以适应社会的要求。高等学校培养的人才还必须掌握一定的专业知识和技能。这个时期自由教育传统开始萎缩，专业设置日趋多样化。一方面，高校在人才培养目标上开始重视培养掌握专业知识和技能的“实用”人才，即专门人才。进入20世纪后，劳动力市场对专门人才的需要迅速增长，高等教育应用性课程受到了人们的青睐。另一方面，学系制的发展使学系成为负责教学工作的组织，相应缩小了人才培养的口径，专业教育逐渐确立了在高等学校教育内容上的主导地位，甚至出现了过分专业化的倾向。在20世纪二三十年代，欧美高等学校试图克服过分专业化的弊端，重建自由教育培养全面发展的人或者说有教养的人，正是在这个时期，美国提出了通识教育的概念，希望在专业化的时代教给学生一些共同的知识。但是无论是培养通才、专门人才还是培养全面发展的人或者说有教养的人，都是为特定社会的工作岗位培养人才，都是为了让毕业生找到适当的工作岗位。

面对经济亟待恢复和就业岗位不足的挑战，迈尔斯梅斯教授于1947年在哈佛大学商学院为MBA学生开设“新企业管理”课程。彼得·德鲁克于1953年在纽约大学开设“创业与革新”课程，以培养大学生自我创业能力为目的的创业教育在美国兴起。起初创业教育仅仅作为商学院的边缘课程而存在，随后创业学作为商学院本科生教育和研究生教育专业诞生，再到后来创业学科突破商学院的边界而成为所有大学生的学习内容，创业教育逐渐成为人才培养的重要组成部分。创业教育的目的主要是培养大学生个人创业所需要的观念和技能，使他们能够辨认出别人可能忽视的机会；培养他们的洞察力，使他们采取可能迟疑的行动。至此，高等学校的人才培养目标实现了从就业教育向创业教育的转移。正如1998年联合国教科文组织在法国巴黎召开的首届世界高等教育大会所通过的《21世纪的高等教育：展望与行动》所说的那样："高等教育应该主要关心培养创业技能和主动精神，毕业生将越来越不再仅仅是求职者，而首先将成为工作岗位的创造者。"

国外只是提出了创业教育的概念，我国则将创新教育与创业教育相融合，提出了创新创业教育的概念，因为创新与创业是密不可分的，创新是创业的基础和核心，创业则是创新的重要体现形式。

创新创业教育的提出和发展基于两个基本的理念。一是创业精神和创业能力是可以通过接受教育获得的，通过创新创业教育可以培养创业人才。创业教育创始人之一彼得·德鲁克指出："创业不是魔法，也不神秘。它与基因没有任何关系。创业是一种训练，而就像任何一种训练一样人们可以通过学习掌握它。"[①] 另一位创业教育专家布罗克豪斯在《企业家精神与家族企业的比较研究》一文中也指出："教一个人成为创业者，就如同教一个人成为艺术家一样。我们不能使他成为另一个凡·高，但是我们却可以教给他色彩、构图等成为艺术家必备的技能。同样，我们不能使他成为另一个布朗森，但是成为一个成功的创业者所必需的技能、创造力等却能通过创业教育而得到提升。"

（二）共性目标和个性目标相结合

创业课程体系的共性目标定位于开展全校性创业课程，培养大学生以创业意识、创业精神、创业品质为核心的创业基本素质。具体来说，创业教育是一种针对全校范围内的大学生开展的，旨在通过教授创业课程使大学生掌握基本创业理论知识，具备一定的创业意识和创业精神，提高创业技能和创业能力，培养良好的创业心理品质的创业基本素质教育。高校开展创业教育的目的并不是要每个大学生都去创业成为创业者，而是在创业知识的传递和氛围浸染中潜移默化地影响大学生的创业意识，熏陶他们的创业精神，使他们系统地掌握创业的基本专业知识和创业技能，具备比较强的创业素质和创业能力，形成比较稳定的创业素养及创新性、开创性的个性，成为一个具有强竞争力、强社会适应力、强发展潜力的人，使其无论以后自主创业还是从事雇用工作都能够开创性地开展工作，胜任工作岗位。

创业课程体系的个性目标针对具有强烈创业愿望和确有创业才华的大学

① 夏博平，闫咏，朱克勇．大学生创业实训指南[M].北京：现代教育出版社，2015：22.

生，分类施教，注重引导，着重培养他们以创业实践能力为核心的创业综合能力。创业教育的最终目标或最后产出结果，是为了把创意转化为行动或实践，而在具体的创业实践中，创业者自身所拥有的由创业知识、创业意识、创业心理品质和创业实践能力四部分组成的创业综合能力素质，直接影响着创业活动的方式、效率和结果。针对不同类别的大学生，高校创业教育课程体系的目标设置应有所区别，而不是一视同仁，要善于发掘那些在创业方面表现出强烈的愿望且有特殊才华和实力的大学生，着重培养他们的创业技能和创业实践能力，并为他们提供场地、资金及技术等方面的支持，为创业活动的开展和项目的后续发展提供保障。高校开展全校范围内的创业教育课程，要把共性目标和个性目标相结合，使全校大学生了解掌握基本创业基础知识和理论，启发创业意识，培养基本创业素质。对于在创业方面有才华、有热情和有浓厚兴趣的大学生，高校要着重培养，提供校内优惠政策、资金技术及场所支持，培养创业技能，夯实创业能力。

（三）与专业教育目标对接

人才培养目标涉及培养什么样的人、怎么培养人的根本性问题，是高校开展教育活动的出发点和基本归依，也是课程设置的基本依据。创业课程体系的设置是一项系统化的工程，要考虑创业课程与专业课程的融合，将创业教育的人才培养目标纳入专业教育的人才培养目标中去，实现与专业教育目标的对接，整合大学生的多种能力，而不是设定千篇一律单一的培养目标和能力目标。千篇一律的培养目标指导下的高等教育培养出来的大学生虽然专业理论知识专精，但是创新创业能力大打折扣，大学生的个性特点被忽视，个性需求得不到满足。因此，高校要考虑大学生的差异性，将创业教育、专业教育以及素质教育有机结合起来，将人文教育与科学教育有机结合起来，形成多层面、多层次的人才培养目标，整合大学生的多种能力，使其既拥有适应未来创业所需要的创业素质、创业知识、创业心理品质、创业能力等有关理念和知识，又具备良好的科学知识素质或宽阔的人文精神素养，成为将专业技能、创业技能、创业精神集于一身的多层面优秀人才。在专业教育与创业教育人才培养体系的构建中，人文社科专业和理工科专业分别将文化创新能力和科技创新能力纳入专业人才培养目标中，专业与创业融合，培养专业知识精深又具有创业精神，拥有创业知识、素质、能力的社会创业人才。

二、大学生创业教育课程体系建设的原则

创业课程体系的设计通常包括恰当的课程形式、完整系统的课程内容设计、科学有效的评价三个方面。恰当的课程形式目的是针对高校类型的学生群体采取什么样的形式进行课程教学，完整系统的课程内容设计是推动创业教育落实的基础和重要策略，科学有效的评价是推动创业教育发展的重要手段。基于此，从宏观角度，我国高校创业课程体系的设计原则可借鉴杰弗里·蒂蒙斯提出的关于创业课程体系的整合理念，遵循以下两个原则。

（一）创业课程与专业课程相融合

高校课程体系的设置要考虑将创业课程融入日常专业课程内容之中，训练大学生的创业精神和培养大学生的创业素质，使他们掌握一定的创业知识和创业技能。高校要开设创业通识课程，尽可能地扩大创业课程的惠及面。讲授对象不仅是经济管理类学院的大学生，而且涉及全校范围内的大学生。学校要对课程的修习方式进行明确的规定，将创业教育课程以必修课或选修课的方式传授给大学生，并保证一定的教学时间。大学生在修满相应学时并且考核合格后可以获得相应学分，将创业学分作为课程学分的组成部分纳入学分体系。在现有的专业课程体系中融入创业教育课程不仅是创业教育目标的具体要求，也是我国创业课程体系改革的目标和方向。

（二）理论课程与实践课程相结合

实践性是创业教育的内在要求和本质属性。理想的创业课程应是理论课程和实践课程比例相当甚至实践课程比例更高，要理论教学和实践教学相结合。杰弗里·蒂蒙斯最初提出的理论和实践相结合的创业课程体系成为后续创业教育研究和各高校的主要借鉴模式。根据他的观点，理论导向型课程与实践导向型课程具有明显的侧重方向。前者关注创业理论知识，如什么是创业、如何进行创业、创业活动的开展方式和特点等，突出培养创业理论人才；后者关注现实创业实践能力的培养，即创业机会的识别、创业的实施路径、创业活动的关键步骤等，通过情景模拟、创业实习、创业计划竞赛、商业计划书撰写等活动方式使大学生获得真实世界的创业体验，形成敢于创新、善于创业的能力。创业人才培养不仅需要学习者掌握系统化的创业理论知识，还要求学习者体验创业过程获取创业体验和感受。高校只有把理论课程与实践课程有机整合，才能使大学生在获取理论知识的同时提升创业技能，达到创业教育人才培养的目

标。因此，高校在设计创业课程体系时要充分合理地安排理论课程和实践课程比例、修习顺序、学习课时等。

第二节　高校创新创业教育课程体系建设策略

一、课程体系构建的依据

（一）理论依据

课程体系是具有特定功能、特定结构、开放性知识、能力和经验的组合系统。狭义的课程体系特指课程结构，主要用于描述各类课程之间的组织和配合。广义的课程体系涵盖范围较广，主要指在一定教育价值理念的导向之下将课程进行排列组合，从而使各课程要素在动态过程中统一指向课程体系目标系统。课程体系的构成要素主要包括目标要素、内容要素和过程要素三大部分。其中，目标要素主要是指课程体系要培养的人才能力和素质结构，内容要素主要包含课程要素及其相互关系和组织方式，过程要素则主要涵盖课程要素呈现、课程体系实施及作为实施反馈的课程体系评价。如前所述，我国地方应用型高校创新创业教育尚处于探索发展阶段，课程体系建设相对滞后，存在课程资源匮乏、课程结构单一、课程内容老化、师资力量薄弱、授课方式单调、课程评价简单宽松等问题。因此，构建科学合理、适应区域经济社会发展需求的创新创业教育课程体系，是摆在地方应用型高校面前的重要任务。

（二）现实依据

地方应用型高校创新创业教育是培养服务区域经济社会发展的应用型人才的重要途径，区域经济社会的快速发展倒逼地方应用型高校必须构建与之相适应的创新创业教育课程体系。因此，地方应用型高校必须补齐课程资源匮乏、课程结构单一、课程内容老化、师资力量薄弱、授课方式单调、课程评价简单宽松等发展短板，以服务区域经济社会发展和产业转型升级为导向，构建起相对完善的创新创业教育课程体系，着力培养大学生卓越的创新精神和创业能力，通过课程教学和实践创新实现知识积累与新技术、新工艺积累的融合，将市场需求嵌入培养方案和课程体系，形成知识创新和技术创新，通过创新创业人才的市场实践活动形成新产品和新工艺，以核心技术水平提升和新技术新模式应用，推进经济增长和产业升级。乡村振兴战略需要大量的创新型、复合型、应用型人才，乡村振兴战略为高校大学生锤炼品质、施展抱负、实现价值追求提供了广阔的实践舞台。地方应用型高校作为促进区域经济社会发展的主力军与排头兵，其创新创业教育的实践性恰好与乡村地域对于人力资源的迫切需求相契合。因此，地方应用型高校创新创业教育课程体系建设要以产教深度融合、全方位与乡村振兴战略对接为宗旨，在实习、实训、实地与实战等方面构建全方位的实践场域，引导师生为乡村振兴提供持续的智力、人力和科技支持，服务区域经济社会发展，推进乡村全面振兴。

（三）经验借鉴

国外高校创新创业教育起步较早，经过多年的发展和积淀，形成了较为完整和成熟的创新创业教育课程体系。其中，美国的创新创业教育课程体系以培养大学生的创业意识和创业能力为主要目标，在课程设置上注重学科交叉融合，课程结构分为理论、实践两大模块，基础、专业、支撑三个层次，在课程实施过程中实行主辅修、双修、双学位等学习制度，师资构成多元且专业化程度高，课程评价的主体涉及多个领域和行业，评价内容广泛丰富，呈现出全方位和多层次的特点。欧洲国家创新创业教育呈现典型的职业教育特色，如德国作为世界级制造大国，特别注重科技成果转化为生产力和经济效益。因此，德国高校的创新创业教育课程体系的主要目标就是培养具有创新精神和创业素质的专业技术人员，课程内容多侧重实践教学，课程实施主要通过多学科的创业竞赛锻炼大学生创新创业能力，课程评价客观、高效、务实，创新创业教育课程体系具有较强的针对性。英国高校创新创业教育课程体系的课程目标注重培养大学生的动手实践能力和创新创业能力，课程设置呈现机会导向，内容多样，实践性强，在师资配备和培训上侧重选拔学术造诣高、有科研经验与管理经验的教师，课程实施过程采用启发式、讨论式等教学方式培养大学生的开放性思维。与欧美国家相比，亚洲国家的创新创业教育课程体系则普遍突出文化塑造的特点，如日本高校的创新创业教育课程体系重在培养大学生的“创业家精神”，课程设置分为基础课程、拓展课程和实践课程，对师资选聘实践性要求强，授课多采用头脑风暴的方法，课程评价侧重实践评价。韩国高校创新创业教育课程体系侧重培养符合企业需求的融合人才。新加坡高校的创新创业教育课程体系既注重创业能力又重视创业道德，课程设置以新思维、设计思维和商业模式规划为主，涵盖了必修课、选修课、科技创业和创新硕士课等，在课

程实施环节侧重商业计划路演等实践环节，课程评价突出实践导向和成果产业化的典型特征。

基于地方应用型高校创新创业教育课程体系构建的理论依据、现实依据和国外高校创新创业教育课程体系建设的典型经验，结合课程体系建设的基本要求、地方应用型高校的办学实际及区域经济社会发展对应用型人才的客观需求，本书主要从内容架构、过程实施两个方面探讨地方应用型高校创新创业教育课程体系构建。

二、课程体系的内容架构

课程体系的内容要素主要包含课程要素及其相互关系和组织方式。美国高校创新创业教育课程体系突出两大模块（理论模块和实践模块）和三个层次（基础级、专业级和支撑级）。欧洲高校创新创业教育课程体系侧重循序渐进，分阶段逐步实施第一阶段主要解决的问题是“创业是什么、创业是否适合我”，第二阶段以“如何去创业”为核心内容。日本高校的创新创业教育课程体系特别注重实践活动，强调通过“做中学”的方式提高教育实效，以特色鲜明的课程结构为教学方法创新提供资源保障。在理论与实践教学过程中，教师采用真实的公司案例，以小组或团队形式进行实践和讨论，通过使大学生深度参与实践环节，从而实现教学与实践的双赢，有效地培养了大学生的逻辑思维、表达能力、沟通能力和团队合作能力，提升了大学生的认知和学习的主动性。

借鉴国外高校创新创业教育课程体系课程结构的典型经验，我国地方应用型高校创新创业教育课程体系的内容应该遵循教育发展规律，注重培养大学生的创新思维和创业精神，强调知识转化和技能应用，理论联系实际，分阶段逐步实施；在教育对象上要面向全体大学生，以“通识型”创新创业教育推动人才培养模式变革和人才培养质量提升；在培养环节上要做到低年级到高年级全覆盖，使创新创业教育贯穿大学生学习生涯的始终；在知识架构上要充分考虑多学科性，注重多学科交叉知识的融合，鼓励大学生参加跨学科的课程教育和专业创新教育，使创新创业教育课程覆盖大学理论教学和实践教学全过程；在能力培养上，要强调知识转化和技能应用，注重理论联系实际，重视“学中做”和“做中学”的相辅相成；在人文素养上，除了包含知识技能、综合素养、创新素质和创业素质等相关课程以外，还要设置与创新创业教育相关并且能够提升大学生人文底蕴和人文境界的公共课程，将课程充分融入创新创业教育中，进而激发大学生扎根基层、面向地方、服务社会的家国情怀和担当意识，使其能够在关注自我的同时兼顾他人和社会整体，成为德才兼备的社会栋梁之材，为国家重大战略实施和区域经济社会发展做出自己的贡献。本书构建的地方应用型高校创新创业教育课程体系内容见表 3–1。

表 3–1　地方应用型高校创新创业教育课程体系内容架构

学　年	培养目标	课程类型	建议课程
第一学年	思维认知 激励精神	通识教育课	创新思维概论、创业教育概论、创新教育学等； 大学生创新创业基础与实战、大学生创新创业指导等
第二学年	能力培养 集中实践	学科基础课 集中实践课	创新创业方法、创新思维导图、区域发展专题讲座等； 大学生创新创业训练计划项目、“互联网 +”竞赛、“挑战杯”竞赛等
第三学年	能力提升 素质拓展	专业技能课 专业选修课	技术创新管理、创新与潜能开发训练、专业大数据分析与研究等； 区块链技术与未来创新创业、行业发展趋势与机遇等
第四学年	集中实践 成果孵化	集中实践课	大学生创新创业训练计划项目、“互联网 +”竞赛、“挑战杯”竞赛等； 通过商科类专业相关创新创业模拟软件进行实践模拟等

如表 3–1 所示，在课程结构中，第一学年是引导大学生进行创新创业的认知时期，这一时期对其创新创业精神和能力的培养至关重要。因而，高校需开设创新思维概论、大学生创新创业基础与实战等通识教育课，目的在于培养学生的进取心和探索精神，开发大学生创新创业思维，丰富和扩展大学生创新创业能力所需的相关综合知识，使大学生初步掌握创新创业教育的基本理论、方法和应用，并与通识教育基础课相结合，激发大学生基于学科知识进行创新活动的主动性。第二学年是扩展大学生创新创业能力和综合知识、夯实创新创业的学科基础相关知识的关键时期。创新创业方法、区域发展专题讲座等学科基础课的开设，能有效拓展大学生的学术视野，提升大学生理论联系实际，分

析、解决实际问题的创新能力。第三学年是应用型高校专业核心课程和实践课程教学的集中时期。因而设置了技术创新管理、创新与潜能开发训练等专业技能课，旨在使大学生通过校内外产学研协同训练，实现创新创业教育与课题研究、社会实践相结合，进而提高其创新创业能力。专业大数据分析与研究、区块链技术与未来创新创业、行业发展趋势与机遇等专业选修课的开设，其目的在于从学科专业、科研实践与创新创业的深度融合入手，激发大学生基于学科专业知识掌握项目开发与研究的应用路径与方法，并参与到与专业紧密相关的创新创业实践中，培养大学生交叉学科思维，扩展大学生创新创业精神、思维和视野。第四学年是大学生将理论应用于实践、知识转化为技能的升华时期。集中实践课程主要针对大学生创新精神培养、创业意识激发、实践应用能力提升而开设。它不仅要求大学生积极参加校内外各类创新创业大赛、实践课题申报、专业论文写作及专利申请等训练项目，还需要他们积极融入区域经济社会发展，深度参与社会竞争，借助校企合作实践平台和创新创业孵化基地，在准职业化训练中诱发和形成落地的创新创业活动，让知识和技能产生经济社会效益，进而实现应用型、创新型、复合型人才的课程体系培养目标，以智力支持、人才支撑和科技服务推动地方经济发展和产业转型升级。

三、课程体系的过程实施

课程体系的过程要素主要涵盖课程要素呈现、课程体系实施及课程体系评价等内容。 我国地方应用型高校由于受到教育经费、办学条件、地理区位等条件限制，师资队伍建设相对薄弱，缺少具有创业实践经验或有企业工作经历的“双师型”教师，课程实施方式固化，课程评价功利性较强，更多关注大学生的就业问题，而并非“创新创业”本身。因而，在课程要素呈现和课程体系实施中，高校应注重基于应用型人才培养的目标定位，重视大学生学习体验的增值，按学习进程的关键阶段设计不同的呈现方式。 通识教育课程可以通过“翻转课堂”“混合式教学”形式，使大学生深度参与到课堂的理论与实践教学过程之中，增强其创新精神和创业意识。学科基础课以学科基础理论和实践引导，鼓励大学生积极参加创新创业大赛，增强创新创业能力。专业技能课以虚拟仿真实践平台和校企合作为基础，充分与专业必修课程的课内实践和集中实践有机结合，提高大学生发现问题、分析问题和解决问题的能力。集中实践课要激励大学生到科创中心和孵化园区，参与企业及网店的策划、管理与创办，真实感受创新创业全过程。

师资队伍是课程要素呈现和课程体系实施的重要载体，国外高校创新创业教育成功的重要因素之一是师资队伍的多元化。美国高校鼓励跨学科创新创业，师资队伍涉及的专业领域广泛，创业研究能力强，一个创业项目可以由多位来自不同学科的校内校外导师指导，学校提供丰厚多样的资金，以鼓励在创新创业教学方面成绩优异的教师。欧洲商科的任课教师大多拥有创业理论和创业实践能力，70% 以上的教师都有创业或企业工作经历，政府鼓励教师运用创业和企业实践经验反哺教学，商科学生毕业论文必须有两位指导教师，一位是高校教师，另一位是企业项目经理。日本大学创业实践教师活跃在各个产业，在教学中将亲身经验与实践运用相结合，注重创业教育实践和技术产业化。借鉴国外高校创新创业教育师资队伍建设的先进经验，为保证创新创业教育课程体系在实施过程中取得实效，地方应用型高校须“内培外引”，加强“双师双能型”导师队伍建设，一方面聘请知名专家学者、优秀企业家、投资专家、优秀校友担任校外兼职导师，另一方面积极选送优秀教师参加各级各类创新创业师资培训，鼓励教师到基层或行业进行实践锻炼，获取行业资格认证，提升校内导师的双创指导能力。同时，在资源保障上高校须强化软硬件投入力度，在资金、场地、平台、机制等软硬件方面发挥校政企联动优势，打造一站式创新创业教育和实践服务链条，为创新创业教育效能发挥奠定基础。

国外高校创新创业教育的成功离不开科学的课程评价体系，通过科学、系统的评价和及时有效的反馈，明确课程体系及教育体系中存在的不足，不断改进，并逐步完善和发展。评价的主体涉及多个领域和行业，不仅包括教师、学生和校友，还聘请知名学者、商界精英、媒体评论员等参与其中。评价的内容广泛、丰富，通常包括课程内容、课程管理机制、学习保障机制、师资力量和部署、教学的有效性、学生的学术水平和职业发展、毕业生创业比例及教育的影响力等。评价的层次体现全方位、多层次的特点，评价方法主要包括访谈、问卷和跟踪调查等。借鉴国外高校创新创业教育课程评价的先进经验，地方应用型高校须建立科学合理、具体可行的过程性评价体系，包括导师对学生过程表现和能力提升的评价、学生对导师指导满意度的评价、学校对导师授课成效的评价、学校对师生创新创业成果认定的评价等。其中，导师对学生过程表现和能力提升的评价应突出 OBE 理念，重点考查学生创新精神的激发和创业能力的提升；学生对导师指导满意度的评价可采用线上评教和线下评议的方式综

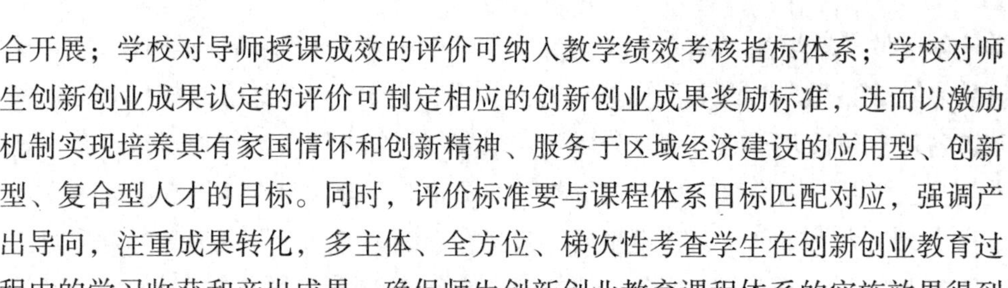

合开展；学校对导师授课成效的评价可纳入教学绩效考核指标体系；学校对师生创新创业成果认定的评价可制定相应的创新创业成果奖励标准，进而以激励机制实现培养具有家国情怀和创新精神、服务于区域经济建设的应用型、创新型、复合型人才的目标。同时，评价标准要与课程体系目标匹配对应，强调产出导向，注重成果转化，多主体、全方位、梯次性考查学生在创新创业教育过程中的学习收获和产出成果，确保师生创新创业教育课程体系的实施效果得到客观的测评。

四、地方高校创新创业教育课程体系建设存在的现实矛盾

（一）应然与实然的矛盾：地方高校教学改革中创新创业教育理念遇冷

1. 主体意识不到位

地方高校创新创业教育发展与高校顶层设计密切相关。目前，地方高校的创新创业教育存在形式大于内容的情况。很多地方高校应上级要求，将建设创新创业学院、开展创新创业教育作为完成上级指定的任务，高校缺少主动意识，未将创新创业教育作为教学改革的突破口，高校领导层对创新创业教育的主体意识还不够强烈。

2. 组织机构不到位

按照教育部的要求，高校应参与就业创业的各类争先创优活动，其中高校是否设立独立的创新创业学院是重要的评价指标之一。综观地方高校，创新创业教育组织机构大多依附于高校原有的招生就业处、教务处、团委等行政部门，单独设立创新创业学院负责全校创新创业教育的地方高校并不多。即使一些地方高校已经设立了创新创业学院，但是因为缺乏配套的机制建设，创新创业学院工作的展开也是举步维艰。

（二）回避与融合的矛盾：创新创业教育课程难以融入专业课程建设

目前，地方高校创新创业教育课程主要是以公共通识课的方式存在于人才培养体系中，创新创业教育课程并没有融入专业教育中，高校专业教育和创新创业教育存在“两张皮”的情况。主要表现在以下几个方面。

1. 挤占论

由于地方高校对创新创业教育认识的不到位，造成创新创业教育在实际教学中被认为挤占专业教学学分、课时、教室。2012 年，教育部发布《普通本科

学校创业教育教学基本要求（试行）》，文件中明确要求高校面向全体大学生开设创业基础课程，并规定了修课方式、学时与学分。但是地方高校创新创业基础课的教学时长并不能得到充分保障，很多创新创业课程只能通过线上慕课让学生自主学习，因而存在明显的弊端。一方面，部分大学生从思想上以及学习过程中都认为创新创业课程不重要，甚至存在线上“刷课”现象，教学质量无法得到保障。另一方面，部分专业教师认为创新创业课程挤占了学生的专业课课时与学分，导致对创新创业课程存在抵制心理。

2. 回避论

因为创新创业教育理念的缺失、教材的缺乏、任课教师未经过专业培训学习，很多高校专业教师对创新创业教育融入专业教育无从着手。有些院系希望在专业建设中融入创新创业教育课程，并率先引入或开发一些创新创业教育与专业教育融合的选修课，但是在实际教学过程中，由于课程建设平台不完善、学分无法计算等问题，专业教师大多采取回避的态度对待创新创业教育课程。

3. 无力论

创新创业教育要融入地方高校已有的教育教学体系中，需要高校从上至下进行改革，尤其需要教学系统的配合。大多数地方高校将创新创业学院归于学工系统，机构设置上就已经造成创新创业教育与教学系统是分开的，难以融合，使创新创业教育课程融入专业课程教学缺乏组织基础，为后续创新创业教育实施带来困难，如缺乏教学科研政策保障、缺乏有力的师资建设保障等。地方高校在推动创新创业教育过程中，不少教师深感无力，无法施展拳脚，创新创业教育课程融入专业课程缺乏可行的抓手，遑论获得相关教学成果。

（三）理想与现实的矛盾：创新创业教育课程建设不成体系

1. 缺乏理论指导

当前，地方高校创新创业教育课程体系建设初见成效，但创新创业教育的实践教学方式、追踪评估体系以及创新创业教育课程群的建设等问题还缺乏相应的理论研究与探讨。地方高校究竟该以什么样的理论支撑本校的创新创业教育课程体系建设，以及在该理论的支撑下需要哪些相关学科的辅助与指导，这需要地方高校进一步探索。

2. 缺乏系统规划

地方高校创新创业教育课程体系由于缺乏相应的理论指导，因此关于课程体系设计的原则、目标、实施方式、内容、评价等都缺乏系统规划和规范指

导。地方高校虽然设立创新创业教育管理机构，但是，在实际运行中，创新创业教育管理机构只是管理1～2门创业通识课、1～2场创新创业赛事的教辅部门，而管理人员往往是总支副书记和辅导员，没有专业的创新创业教师。由于高校创新创业教育的开展缺乏顶层设计，缺少专业人士，缺乏教育理念，因此，创新创业教育课程体系系统规划程度较低，教学呈现随意性的特征。

3. 缺乏层次设计

国外一些高校已经形成本科生与研究生的创新创业教育课程体系。例如，百森商学院创业教育课程就分为基础、专业、支持三段式的层次设计。我国一些地方高校目前仅在本科生中开设1～3门创新创业通识课程，且大学生职业规划与就业指导也包含在创新创业通识课程中，创新创业课程缺乏核心内容支撑。而且，地方高校在本科教育阶段对于创新创业课程体系是不分层次的，在研究生教育阶段，地方高校大多不再专门设置创新创业课程。

五、地方高校创新创业教育课程体系建设提升路径

近年来，教育部分层推进高校创新创业教育向横向融通、纵向贯通发展，2015年提出全面深化改革，2017年提出普及创新创业教育，2020年提出健全教育体系。高校创新创业课程体系建设不是单一的课程建设问题，其发展要求高校完善人才培养标准，创新人才培养机制，健全创新创业教育课程体系，改革教学方法和考核方式，强化创新创业实践，改革教学与学籍管理制度，同时需要完善师资队伍，提升创新创业指导服务能力，落实创新创业政策支持和资金保障体系等。

（一）以创新创业教育基础建设保障地方高校创新创业教育课程体系建设

地方高校经过长期发展，需要一个强有力的引擎发动新一轮改革。通过创新创业教育推动高校专业教育发展，是地方高校教学建设、改革的重要突破口。

1. 强化创新创业教育主体意识，实现领导到位

地方高校创新创业教育要由高校领导层牵头组织实施，根据学校特色改革教育理念，从思维、政策、措施等层面推行高校教学改革，建构创新创业人才培养标准、人才培养机制，实现创新创业教育在高校教学改革中的火车头效应。综观一些创新创业教育课程体系做得较好的地方高校，一般都由校长或者

分管教学的副校长亲自兼任创新创业学院的院长，从而推动本校的创新创业教育发展。

2. 建设创新创业教育机构，实现组织到位

组织机构的建设是创新创业教育有序开展的保障。第一，地方高校要畅通学校、院系、班级三级创新创业教育机构的建设，实现高校创新创业教育从学校到班级都有专人对接管理。第二，地方高校要将创新人才培养结构，调整计划导向的学科专业结构，转向社会经济需求导向的人才培养结构；创新产学研合作育人机制，实现校校、校地、校企、校所及国际合作等育人机制；建设交叉育人机制，倡导跨学院、跨学科、跨专业培养人才。第三，地方高校要厘清创新创业教育组织机构的职责。在未构建专门的创新创业学院之前，地方高校创新创业教育原有工作职责分散在教务、科技、团委、学工等部门；地方高校建立创新创业教育机构之后，要厘清机构与学校其他部门之间的权责关系，实现创新创业教育职责的聚焦。

3. 构建创新创业教育机制，实现制度到位

地方高校要以培养学生创新思维、创业意识、创新能力为目标，改革教学目标、教学内容、教学方法、教学评价方式等，构建创新创业教育机制。第一，地方高校要改革教学与学籍管理制度。地方高校要在教学管理文件中支持大学生选修创新创业课程，增设弹性学制，建立创新创业学分转换制度，加强创新创业教学实施方案的建设。第二，完善大学生创新创业保障政策。地方高校要整合地方财政和社会资金，多渠道拓宽资金来源，完善创新创业教育扶持政策，设立奖励基金、风险基金等，为大学生创新创业提供资金保障。第三，完善大学生创新创业项目培育指导制度。地方高校要借助国家大学生创新创业训练计划项目、中国国际“互联网+”大学生创新创业大赛的要求制定相应的指导制度；制定大学生创新创业项目的培育及管理办法，做到创新创业活动有章可循、有的放矢；制定大学生创新创业比赛奖励制度，鼓励与引导教师与大学生投入创新创业教育中。

（二）以专业课程建设为中心融入创新创业教育，构建新课程体系

《教育部办公厅关于实施一流本科专业建设“双万计划”的通知》以及《国家级一流本科专业建设点推荐工作指导标准》均倡导持续深化创新教育理念、专创融合，推动高等教育思想创新、理念创新、方法技术创新和模式创新。由此可见，地方高校创新创业教育与专业教育融合是大势所趋。

1. 树立将创新创业课程融入专业学科建设的意识，实现认识到位

高校专业学科建设是开展创新创业教育的前提与基础，创新创业教育是提升专业学科建设的有效途径。开展创新创业课程的目的是让创新创业理念融入专业学科建设，根据不同专业学科特点，有差异性地培养大学生的创新创业思维、创新素质与能力，使大学生在专业知识与创新创业能力方面获得发展与突破。因此，地方高校教学管理部门要转变教育理念，充分认识到专业学科建设与创新创业教育是相互促进、不可分割的。

2. 探索创新创业课程融入专业学科建设的方法，实现策略到位

第一，开展创新创业教育专业课程。高校要开展“创新与创业”“初创企业”“企业财税制度解读”等课程。第二，在专业课程中融入创新创业理念、内容、方法。高校可以通过“创新前沿 + 专业知识”“创业素质 + 专业能力”“专业实践 + 创业实践”等方式，在专业实践中培养大学生创新创业素养。第三，培养创新创业专任教师。高校专业教师因为教学任务繁重或者未接受培训不能参与创新创业教学，同时，高校也缺乏优秀的企业兼职导师资源，导致地方高校创新创业教育必修课程通常由学生辅导员或就业创业专干担任教学任务，教学专业性无法得到保证。因此地方高校要加强对专业教师创新创业教育理念、能力的培训，使其成为创新创业教育课程的主力军，为专业课程融入创新创业教育提供师资保障。

3. 畅通创新创业教育科研渠道，实现平台到位

创新创业教育在我国起步较晚，目前地方高校的科研政策与平台都是针对专业学科，并未惠及创新创业教育。地方高校需要保障创新创业专任教师在薪酬、职称评定、教学评价等相关制度中与其他专业教师同等对待，使创新创业教育在高校教学科研体制内循环，从根本上保障创新创业教育能够融入专业学科建设中。

（三）以理论指导创新创业教育课程体系建设，实现地方高校创新创业教育课程系统化发展

2015 年，国务院办公厅印发《关于深化高等学校创新创业教育改革的实施意见》，明确提出高校创新创业教育课程要创新培养模式、建设高水平师资队伍、加强质量评估等，促进高校创新创业课程体系的发展。

1. 推动创新创业教育课程建设目标理念先行，实现理论化指导

我国学者成希、张放平提出基于核心素养理念下的高校创新创业教育课程

体系建设。[①] 杨宜、喻德望提出从系统论的视角设计高校创新创业课程，实现课程体系的结构化、实用化和功能化。[②] 谢树平通过参照布鲁姆的教育目标分类理论，提出培养大学生创新创业知识、能力、情感意志和实践技能是高校创业教育课程的目标的重要教育观点。[③] 地方高校推动创新创业教育课程体系建设要以学校特点为基础，目前我国大多数地方高校主要是基于专业基础上的应用教学，创新创业教育课程体系的设计要围绕专业教育进行。构建“专创融合”的创新创业课程体系，应是地方高校创新创业课程体系建设的基点，同时根据学校的办学特色与学科专业特点，确定大学生所需要具备的核心素养要点，设计一系列的培养维度，系统性规划课程体系建设。因此，围绕“专创融合”理念系统构建创新创业课程是地方高校创新创业课程建设的首要目标。

2. 科学推进创新创业教育课程群建设，实现体系化发展

首先，创新创业教育要从教育目标、教育内容、教育方法、教育评价等方面进行系统设计，实现地方高校创新创业教育课程体系化发展。其次，课程群内部要进行层次化设计，改变同质化课程设计，根据人才培养的差异性设计不同层次的课程。根据创新创业教育课程的递进逻辑设置创新创业通识课、专业创新课、创业实践课。通识课主要培养大学生的创新创业理念；专业创新课培养大学生在专业学科领域内的创新能力；创业实践课培养大学生的创业素质与品格等。根据大学生创新创业研究程度的不同采取不同的课程深度，如博士研究生的创新创业教育课程应更多地聚焦学科前沿性的创新与行业领域的创新，比研究生和本科层次的学生要研究得更透彻。最后，搭建协同开放的创新创业课程实践平台，建设校内大学生创新创业孵化基地，同时通过与大学城地级市的经济开发区合作，建设好校外大学生创新创业实践基地，深入实施大学生创新创业训练计划，积极参与教育部、科技部组织实施的大学生创新创业大赛以及各专业的学科竞赛。

3. 打造专兼职创新创业教师队伍，实现专业化发展

创新创业教育实施的关键和成效的保证在于有一支专业化的师资队伍，因此地方高校要大力推进创新创业教师队伍的专业化发展。一是加强对创新创

① 成希，张放平．基于核心素养理念的高校创新创业教育课程建设 [J]. 大学教育科学，2017(3)：7.

② 刘智强．系统论视野下地方高校创新创业教育课程体系研究 [J]. 民营科技，2017(5)：1.

③ 谢树平．关于创业教育课程设计与实施的思考 [J]. 职业技术教育，2002(7)：3.

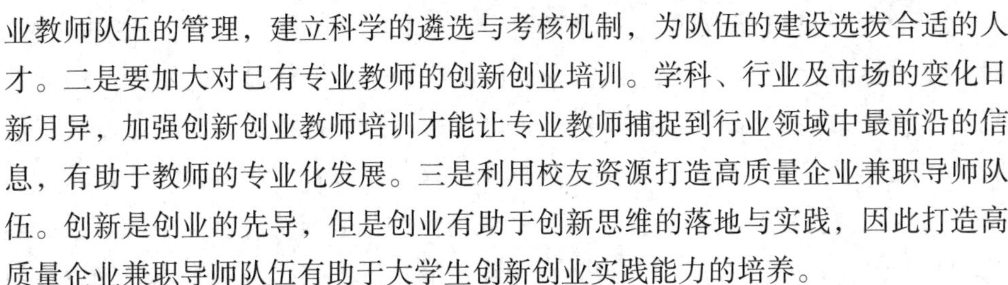

业教师队伍的管理，建立科学的遴选与考核机制，为队伍的建设选拔合适的人才。二是要加大对已有专业教师的创新创业培训。学科、行业及市场的变化日新月异，加强创新创业教师培训才能让专业教师捕捉到行业领域中最前沿的信息，有助于教师的专业化发展。三是利用校友资源打造高质量企业兼职导师队伍。创新是创业的先导，但是创业有助于创新思维的落地与实践，因此打造高质量企业兼职导师队伍有助于大学生创新创业实践能力的培养。

第三节 高校创新创业教育的学科化发展趋向

一、高校创新创业教育的学科化特征

学科化是增强教育工作者学科归属感，推动学科走向学术职业的重要方式；是确定创新创业教育目的与教育目标的基本途径；有利于促进创新创业教育迈向专业化、科学化、全面化的发展进程，为创新创业教育提供源源不断的发展动力。明确高校创新创业教育的学科化特征，是学科建设的基础与前提。创新创业教育在学科建设上要实现宏观与微观相结合，横向与纵向相连接。宏观上，应顺应当前“大众创业、万众创新”的潮流；微观上，应把握创新创业人才的培养重点。同时，横向连接政府、社会、企业，构建协同育人机制；纵向贯穿各年级大学生群体，实现全方位覆盖。

（一）整体性

创新创业教育学科化建设是一项复杂的系统性工程，在建设过程中需顾及社会因素、学校因素及大学生身心因素，同时统筹兼顾其与社会经济、政府政策、文化发展、科技创新等各因素间的复杂关系。这就意味着我们在进行创新创业教育过程中，必须注重其整体性特征。我们应明确创新创业教育是对企业构建及企业生命周期相关知识的全方位构建，将其构建为一个整体的体系，以创业模型为基础，创新课程体系，整合分散、孤立的职能性课程，以深化对创新创业本质及其不可预知的发展过程的理解。

（二）时代性

社会的快速发展，时代的变迁流动，高校创新创业教育顺势而生，其在理论研究与实践探索上有着明显的时代性特征。伴随着科学技术的飞速发展，越

来越多的工作被机器取代，人们衣食无忧，实际工作愈加短缺，似乎已成为时代发展的必然趋势，也成为世界各国需要面对的突出的社会问题。在此背景下，各国政府对创新创业教育更加趋之若鹜。也正是由于传统行业被机器替代，人们没有了工作，便要创造新的工作岗位，以满足生存发展的需求。另外，在当前愈加激烈的社会竞争下，就业岗位的竞争成为社会竞争的核心，经济增长与就业岗位增加并不契合，根本无法满足人们对就业的需求。因此，当前我国高校在创新创业教育研究探索上总是体现出突出的时代性特征，尤其是针对当前大学生就业难问题给予了高度关注。时代的发展推动着我国高校创新创业的发展进程，开辟了中国特色的创新创业教育之路。

（三）开放性

高校创新创业教育的载体为高校本身，但教育资源、教育平台则源自政府、社会、企业。创新创业教育正是整合政府、社会、企业各方面资源，使其形成合力服务于大学生创新创业与全面发展，也就是说，创新创业教育是大学生与社会、政府、企业间的连接桥梁，依托于社会、政府、企业构建起了辅助大学生创新创业的联系网络。因此，高校创新创业教育活动具有显著的开放性特征。

二、高校创新创业教育学科化发展趋向

（一）立足于“三论”理念构建教育哲学基础

创新创业教育既然是教育范畴，就有其特有的教育哲学，而教育哲学的根本问题在于“三论”，即本质论、目的论、价值论。当前的创新创业教育以培养人为教育目的，以促进人的全面发展为教育价值。这些与一般教育价值高度契合，因此，我们必须探究创新创业教育的独特之处，明确其特质与教育价值，避免创新创业教育湮没在教育大潮之中，失去独立存在的根基。鉴于此，我们必须从创新创业教育“三论”出发，以此作为创新创业教育学科化建设的起始点。第一，“主动性”本质，这也是创新创业的重要特质。主动性就是要通过创新创业教育引导大学生将创业转化为基本的人生态度与现实的生活方式，发挥其主观能动性，形成“自主创业”意识。第二，“超越性”目的，这里指对传统教育与大学生自身的超越，即利用现代化教育理念、教育方式培养创新型、创业型、开放型人才。第三，“转化型”价值，这里的转化是指将创新创业教育知识、智慧等转化为创业实践行动。

（二）基于多学科内容构建创新创业课程体系

课程体系建设是高校创新创业教育学科化的基础。从创新创业教育本质来看，这种教育不同于一般性教育课程，创新创业教育主要追求对大学生创新创业思想意识与能力技能的培养，因此，为适应创新创业教育需求，创新创业学科性发展应以经济学、社会学、营销学、财务学、管理学等学科为基础，构建以多学科为依托的创新创业教育课程体系。

1. 课程设置

首先，创新创业教育涉及的学科内容较多，因此，其在课程设置上应实现基础课程与专业课程的有机融合，引导大学生在熟练掌握基础知识、专业知识的基础上，增强创新创业意识。其次，强化主干课程，如创业机会鉴别课程、创业风险投资课程、市场营销等有关创业项目、资金、营销的主要课程。另外，根据当地经济发展与市场需求设置与之相匹配的本土创新创业课程。

2. 教学方式

第一，全面覆盖以及个性化指导。全面覆盖指针对全校大学生，创设有关创新创业的通识课程，举办创业大赛、创业项目主张、创新创业吧等形式多样的活动，营造积极和谐的创新创业氛围，调动大学生创新创业热情；个性化指导指针对有创业想法和创业项目的大学生进行的重点指导，提供技术、资金、发展路径等多方面支持。第二，理论教学结合社会实践。理论教学是引导大学生树立创新创业精神、激发创新创业自主性、提高创业素养的重要手段，但创新创业教育归根结底是要回归于社会与市场环境之中的，因此，在理论教学的基础上，创新创业教育应通过如创业大赛、模拟企业经营等社会实践，体验创业的艰辛，在实践中找寻创业问题，制定解决方案，将创新创业理论知识运用到实践之中，充分发挥理论价值。第三，学校教育结合政府政策扶持、社会支持、企业辅助，融合社会各界资源，实现资源优化整合。

3. 师资队伍建设

师资队伍是教育的关键因素，创新创业教育亦不例外。首先，学校应在提高授课教师理论水平的基础上，组织授课教师进入企业锻炼，实际参与企业各项活动之中，增加创业实践经验，使授课教师在授课时既有专业理论知识，又有切实的实践经验。其次，学校应构建多元化的教师结构层次，组建由专职教师、政界教师、企业教师相结合的师资队伍。专职教师负责理论教学；政界教师负责讲授区域经济发展趋势与新时期创新创业政策，分析创业环境；企业教师负责讲授企业发展战略经验、风险规避措施等。三方教师相辅相成，促使创新创业教育更趋完善。

（三）围绕政企联动构建创新创业教育机制

1. 政校合作

创新创业教育中政府扮演着不可或缺的角色，因此，加强政校合作势在必行。第一，政府与高校加强合作，促进高校教育深化改革，组织编制与本地经济发展、市场需求相契合的本土教材，为高校创新创业教育指引正确方向。第二，政府应为大学生创新创业提供全面的扶助政策，营造积极的外部环境，监督政策落实，行政部门针对大学生创新创业中的问题制定解决对策。第三，为使创新创业人才更好地推动地方经济的发展，政府可为创业青年提供相应的培训机会，提供创新资金等支持，提高大学生创业成功率。

2. 校企合作

企业作为大学生创业实践的根本阵地，应竭力调动其在高校创新创业教育中的作用，为高校创新创业教育提供助动力。第一，高校应加强与企业的联系，聘请企业高层领导或成功人士对大学生进行创新创业的指导，在创新创业教育中融入企业真实创业场景，使大学生更为真实地了解企业发展规律，掌握市场发展动态；发现有创业潜力的大学生，为其提供有益的创业项目，使大学生的创新创业成果真正转化为商业产品。第二，高校应加强与企业的合作，利用“订单培养”“企业研发机构”“创业实验班”等教学模式，将企业文化、企业生产、企业运营等内容渗入学科教育之中，使学科建设更加契合于社会与市场的变化，提高大学生创新创业能力。

我国高校创新创业教育在政府的指导下快速发展，成为促进社会经济发展的重要引擎。在政府的驱动下，高校创新创业教育有着明显的整体化、时代化、开放化学科特征。对此，其未来发展趋向以构建教学哲学基础、构建多学科的政企联动式的创新创业教育体系为中心。创新创业教育的学科化发展，可以为创新创业教育搭建有益的发展平台，为教师教学、大学生学习提供学术平台，能够促进创新创业教育实现学术化，提高创新创业教育科学性，为社会输出更多高素质、高水平创新创业人才提供全方位保障。

第四章　互联网时代高校创新创业教育实践教学体系

第一节　高校创新创业教育实践教学体系分析

一、实践教学体系

（一）实践教学与教学体系

顾明远编著的《教育大辞典》对“实践教学”有一个明确的解释：“实践教学是相对于理论教学的各种教学活动的总称，包括实验、实习、实际设计、工程测绘、社会调查等，旨在使学生获得感性知识，掌握技能、技巧，养成理论联系实际的作风和独立工作的能力。”这种对实践教学的定义是从其内涵和外延来理解的。

按照系统论的思想，教学体系是指为了达到教育目的，而由教学活动相关要素构成的，并以一定的稳定结构形式存在的，实现特定教学功能的相互影响、相互作用的有机整体。对于教学体系的构成要素，有经典的“三要素说”，即“学生、教师和教材”。但是，现在大部分学者认为，教学体系的构成除了学生、教师和教材外，还包括教学目标、教学内容和教学环境。

（二）实践教学体系的内涵

实践教学体系是一个有机的整体。大部分学者认为其有狭义和广义的内涵之分。总体来说，目标、内容、管理、评估等要素构成实践教学体系整体，这是从其广义层面来描述的。而狭义的实践教学体系是指实践教学的内容体系。

本书以广义的实践教学体系内涵作为参照，但并不局限于其设定的目标、内容、管理和评估四大要素。笔者把实验、实训、实习、毕业论文等环节作为实践教学活动，把体系的管理、评估、条件保障作为实践教学体系的环境资源来加以重新认识。笔者认为，实践教学体系是以实践教学人才培养目标为核心前提，以实践教学活动为主体内容，并以相应环境资源作为支持条件的一个有机联系的整体。

（三）实践教学体系构建的理论基础

实践教学是和社会诸多领域有着紧密联系的实践活动。实践教学体系的构建也涉及各种与之相关的要素。在综合考察实践教学内涵的基础上，笔者认为实践教学与学习理论的思想密不可分，它们不仅为实践教学体系设计提供理论指导，也为人们认识教育本质、确立教学目标、选择教学内容等教育问题提供重要的理论依据。

学者们对学习的探讨从未停止过，无论是行为主义心理学创造的“刺激—反应”学习理论，还是认知主义心理学家对人类认知过程及组成因素的研究。社会因素和个体因素已经成为学者们关注的焦点所在，特别是建构主义学习理论对教育思想产生了重大的影响。

建构主义学习理论认为，知识、技能不是被动积累的，而是学生积极实践的结果。知识、技能的建构必须从激发学生学习动机开始，而传统的教育模式往往是先理论后实践。实践能力弱的大学生在社会上缺乏核心竞争力，因此，我们必须确立实践教学在创新创业人才培养过程中的主体地位；学习过程中要关注知识、技能的连贯性和教学内容的情境性，使用情境教学方法，使学习内容具有真实性任务，使学习行为在与现实情境相似的情境中产生。实践教学是符合情境教学要求的，使大学生通过具体的社会实践、实训、实习等实践环节，在解决具体问题的情景中积极主动地构建自己的理解过程、创造过程。

（四）实践教学体系的理论构建原则

实践教学体系的高效运行必须考虑到多种要素间的相互作用。笔者在综合了创新创业人才培养范畴和实践教学体系特征的基础上，提出了在构建实践教学体系过程中需要遵循的一般性原则。

1. 目标性原则

高校实践教学体系的构建必须紧紧围绕培养大学生创新创业能力这一人才培养目标来进行。高校要把培养既具有扎实的理论基础又具有较高创新素养和

较大创业潜能的人作为实践教学体系的出发点，制定的实践教学体系人才培养目标应该根据高校人才培养规格、专业学科特点及发展规律和社会对人才的需求进行明确的、有针对性的具体目标设定。

2. 系统性原则

高校实践教学体系的构建应该根据高等教育的规律和人才培养特点按照各个实践教学环节的地位、作用及相互之间的内在联系，运用系统科学的方法进行统筹安排。实践教学环节在时间安排上要保持连续性，要处理好实践教学与理论教学的关系，合理分配课时比例，保持整个教学过程的系统性。实践教学与理论教学的相互衔接、相互渗透使体系内的各个环节协调统一，贯穿于高等教育的全过程。

3. 层次性原则

大学生能力的发展是一个循序渐进的过程。遵循这一客观规律，实践教学体系也应分阶段、分层次逐步深化。其实践教学目标要由易到难，实践教学环节要由简单到复杂，实践教学方法要由单一到综合，分阶段、分层次循序渐进地加以构建。

4. 实践性原则

实践出真知，因此实践教学体系的构建要有利于大学生实践能力的培养，主要体现在实践教学目标要符合社会发展和人才需求，除培养大学生的应用实践能力外，还要注重创新创业能力的培养，以满足大学生自主发展的需要；教学内容应突出知识更新的要求，以实践、实训活动为主导，模拟真实的环境开展实践教学。

二、实践教学体系的构建思路

要提高大学生的创新创业能力，就要形成良好的创新创业教育氛围，建设完善的创新创业培育体系，形成一个像生态体系一样的良性循环系统，构建一个全方位的立体创新创业教育生态培育体系。这一体系包括高校、政府、企业、家庭、学生等多个子系统，各子系统之间相互联系、相互作用、相互支撑，共同构成一个完整的创新创业教育培育体系。实践教学体系的构建，要充分体现专业的要求，与专业发展紧密相关，以此为原则组成一个层次分明、分工明确的实践教学体系，如实验、实训教学平台可分为基础实验技能训练平台、专业岗位技能训练平台、专业岗位实践平台三大步进行构建。实践教学体系的构建要理论教学和实践教学相结合，教室与实验室相结合，淡化理论教学与实践教学、专业教师与实践指导教师、教室与实验室的界限，打破原来按学科设置实验室的传统布局，对实践教学设施进行重新整合，形成一体化实践教学模式。

三、构建体系预期达到的目标

首先，实践教学体系应使大学生获得实践知识，开阔眼界，丰富并活跃大学生的思想，加深他们对理论知识的理解掌握，进而在实践中对理论知识进行修正、拓展和创新。其次，培养大学生的基本技能和专业技术技能，使他们具有从事某一行业的职业素质和能力。这包括三方面内容，一是实践能力，二是职业素质，三是创业能力。最后，实践教学体系应增强实践情感和实践观念，培养良好的职业道德与责任意识，培养实事求是、严肃认真的科学态度和刻苦钻研、坚忍不拔的工作作风，培养探索精神和创新精神。

四、实践教学体系的构建模式

实践教学的内容是实践教学目标任务的具体化，它将实践教学环节（实验、实习、实训、课程设计、毕业设计、创新制作、社会实践等）通过合理配置，构建成以技术应用能力培养为主体，按基本技能、专业技能和综合技术应用能力等层次，循序渐进地安排实践教学内容，将实践教学的目标和任务具体落实到各个实践教学环节中，让大学生在实践教学中掌握必备的、完整的、系统的技能和技术。

（一）理论课教学要以应用为目的

基础理论课教学要以应用为目的，以必需、够用为度，以讲清概念、强化应用为教学重点，要改变过分依附理论教学的状况，探索建立相对独立的实践教学体系，实践教学在教学计划中应占有较大比重。理论教学应根据实践教学的需要，将有关知识和技能综合成公共课（基础理论）、专业理论课和专业专门化方向技术课（技术应用）三个模块。教学应以实践性环节为中心线索，串联这三个模块，使这三个模块既分工明确，各有其侧重点，又彼此联系，围绕着实践性环节有机地组成一个不可分割和相互渗透的整体。教学应加大实践课的比例。各专业方向实践教学学时不少于总学时的四成，不少于 24 周的整周实践教学，保证大学生有足够的时间进行实践能力训练，与技术应用能力、基

本技能、专业技能和综合技术应用能力联系不紧密的理论课坚决不开。

（二）以竞赛带动实践教学

课本的知识要真正用于指导实际工作，需要大学生掌握一种转换能力，而这种能力的培养，离不开让大学生通过实践或实验教学进行锻炼。因此，如何提高大学生实践动手等综合能力应该是我们实践教学工作的重点。在教学中，培养大学生主动探索、主动学习的能力尤为重要。参加专业竞赛给大学生提供了较大的自主学习的时间和空间，易于调动他们学习的主观能动性，可以培养他们的学习兴趣和创造性思维能力。学校通过大学生参加学科竞赛可以构建开放式实验室，为使大学生熟练掌握实验、实训技能，达到竞赛所要求的技能，可以设立一些项目工作室、创新实验室、实训中心，为大学生在课外实训提供极好的平台，这样可以吸引一大批大学生在各个开放性实验室进行实验、实训操作、技能训练等。

（三）实践教学与岗位技能培训相结合

目前，各高校都已创设了先进的教学环境，教师正逐渐从黑板、粉笔的授课方式向多媒体教学方式转化，教学手段也越来越先进。可是，现在讲授课程的教师的知识理论大多是直接从学校到学校，没有企业工作的实践经验。教师的实践锻炼方面，无论从时间上还是从组织落实以及经费上都缺乏相应的安排和保证。由于他们缺乏实践经验，课堂内容完全来自教材，缺乏来源于公司、企业的实例，因此培养大学生解决实际问题的综合能力还有所欠缺。我们可以结合社会培训机构成功的经验，推进“三个相结合”，即课堂、实验实训场所和企业环境相结合，大学生、教师、企业技术人员相结合，教学、科研、工程项目相结合，以岗位技能要求指导实践教学。

（四）产学研合作，促进实践教学的发展

教师应该经常与大学生到企业中实践，让大学生能把学到的项目管理理论真正应用到企业管理的实际问题中，承接一些企业的项目。这样可以通过师生参与项目活动，使大学生在大学期间就能接触到本行业的新技术，具有处理生产现场实际问题的能力，增强质量意识和品质意识，培养大学生综合应用能力。对于教师，通过项目的完成，实践能力也得到了很大的提高，对实践教学和理论教学都有很好的促进作用，从而形成适合自身发展、具有高校特色的科研道路。科研基本定位于技术开发、技术配套、技术改造、技术服务和研究辅

助的层面。尤其一些以教学为主、科研力量较为薄弱的高校应大力引进企业项目，以项目作为引导，推动科研的发展。

五、实践教学体系在创新创业能力培养中的重要作用

高校通过实践教学，培养的是大学生动手实践能力和发现问题、解决问题的能力。在21世纪创新创业人才培养的要求中，大学生创新创业能力的核心就是创新，创业是在具备一定程度创新的基础上升华得到的。实践能力是创新能力发展的基石。高校构建面向创新创业能力培养的实践教学体系是符合现代教育要求和社会人才需求的。

首先，构建实践教学体系是连接大学生理论知识和实践能力的重要手段。学以致用是人们从古至今都崇尚的知识获取和使用的目标，而实现学以致用目标的过程就是通过实践教学。实践教学培养学生运用知识、创造知识的能力，使大学生能真正发挥理论指导实践的作用，为大学生毕业后进入社会工作创造必要条件。

其次，实践教学体系是本科教学体系的重要组成部分。高校本科教学培养目标和专业人才培养目标的实现，都离不开实践教学这一举足轻重的关键环节。实践教学培养的是大学生的实践能力、创新能力和创业潜能，而只有通过实践教学体系，才能更加系统化地实现实践教学的作用，它是大学生能力发展的必要条件。

再次，实践教学是大学生创新能力培养的基石。大学生创业潜能的激发离不开创新能力的积累，创新能力的积累离不开实践能力的提升。没有实践能力，创新能力是不可能得到发展的。大学生在实践中不断积累自己的实践能力，形成良好的创新意识，无形中就会使自己的创新能力逐步提升。

最后，实践教学的更深远的意义在于大学生个体的全面发展。21世纪，国家的发展靠人才。人才综合素质的提升是一个国家综合国力提升的表现，国家培养大学生的综合素质正是靠他们进入社会前的实践教学而逐步全面实现的。

第二节　高校创新创业教育实践教学体系建设策略

一、当前高校实践教学体系存在的问题

（一）教育者主体单一，缺乏专业性

尽管在教学中大学生是学习的主体，但教师仍然扮演着重要的引导者、指导者的角色，只有专业的教师才能为大学生提供系统专业的指导。然而，当下在部分高校，创新创业教学课程的教师大多都没有创业的经历，只是单纯地掌握了理论知识，只能为大学生提供简单的就业指导。另外，即使学校为大学生聘请了企业家来校开设讲座，但次数有限，也无法进行系统的知识讲授，大学生无法进行一对一的直接交流，因此无法了解系统的创新创业知识。比如，政府对创新创业有什么样的政策扶持，企业和社会各界是否为创新创业提供相应的服务平台，是否愿意提供详细的指导与资金支持，等等。

（二）教育内容脱离社会实际

我国创新创业教育的发展起步较晚、时间较短，是在借鉴国外经验的基础上发展起来的，因而在发展过程中忽略了我国的实际情况，书本上的内容没有时代特色，仍然停留在过去的经验上，无法激发大学生的学习兴趣。另外，高校一般结合自身的师资力量开设课程，课程少，内容单一，导致希望接触创新创业课程的同学没有渠道。而且，学校开设的相关课程往往针对某专业开设，内容片面，无法融合各专业知识，大学生无法跳脱本专业，无法获取新的知识，创新创业课程系统性知识仍然是单一的、片面的。同时，学校对此门课程的重视程度不足，只将该课程作为选修课程，投入的精力少，大学生也不太重视，且过度强调专业对口仍然是创新创业教学面临的一大问题。比如，很多大学生毕业后，面临找工作困难的主要原因是没有找到与自己专业对口的职业，又放不下自己的专业，另外一个原因是在该专业方面能力不足。

（三）教育方式古板单调

创新创业课程是一门以实践为主的课程，是以大学生为主体的课程，而今很多高校仍未意识到这一点，采取的教学方式仍以说教为主，强调“教”，忽略“学”。教学媒介仍然是书本和电子媒体，教学场所被限制在教室里，大学生掌握的只有干瘪的理论知识，缺少在实践中的历练，无法掌握社会与各行业企业的发展现状与趋势。

（四）创新创业教育环境与实践平台缺失

良好的教育环境是进行教育的重要条件，即良好的创新创业教育环境能促进创新创业教育的发展。然而，尽管现在有部分学校、政府、企业或者其他组织提供了一些资金支持、政策扶持等服务，但是零散的、片面的，这些平台之间相互没有联系，独自工作，无法使资源达到最优化。教育的最终目的是为人服务，为社会各行各业服务，是要进行实践的，仅有理论，没有施展的平台是没用的。大学生缺少机会与企业家、创业家以及其他行业杰出人才进行面对面的有效交流，这是创新创业教育实践教学管理体系的缺失。高校应提高对这方面的重视程度。

二、构建创新创业教育实践教学管理体系的应对举措

（一）培养或聘用专业的创新创业教学教师或专家

只有拥有更直观的感受，才能更好地促进大学生学习知识；只有经验与理论知识都丰富的教育者才能为大学生提供系统的知识体系，帮助大学生直观地理解知识点；只有接触更广泛的社会实践内容，才能使大学生融会贯通所学的知识。专业的教师，知名企业家、创业家，政府以及社会各界的杰出人才都能促进创新创业教育的教学。比如，政府人员可以更加系统地为大学生讲解新形势下国家对创新创业的扶持政策，企业家可以讲解创业过程中需要注意的问题以及当下的行业发展趋势，专业的教师可以带领大学生进行创业实践活动。大学生是独立的个体，具有不同的性格特点与兴趣爱好，只有多种多样的教学形式与教学内容才能满足不同大学生的需要。

（二）顺应社会发展，丰富教学内容

高校的课程多种多样，教育工作者需要转变教学思维，调整专业对口的古板教学，将各专业内容进行适当的融合，增加大学生的知识接触面，以拓展大学生的创新思维，紧跟时代的发展与需要，适时调整教学内容。高校开设内容丰富多样的创新创业教学课程尤为重要，也就是以大学生为主，开设满足大学生需要的课程，保障对创新创业课程感兴趣的大学生都有渠道接触。另外，各

高校可考虑将创新创业课程从选修课程转为必修课程，提高对创新创业教育课程的重视，加大对该课程的精力与经济投入，不断完善与之有关的教育体系，鼓励大学生进行学习。

（三）丰富教学方式，提高大学生的学习热情

教师应采用有趣的教学方式，避免说教的呆板教学方式，吸引大学生的学习注意力，以提升教学效果。大学生是学习的主体，在创业教育中，以大学生为主，采用开放式、交流式、研究式等多种教学形式，充分发挥大学生的主体作用，鼓励大学生多动手、多操作、多实践。比如，创设问题情景，引导大学生独立解决问题；举办多种创业竞赛活动，为大学生提供实践机会；进行校企合作，为大学生提供能真正得到锻炼的创业、实业平台，加强大学生与社会的联系，增强大学生的社会实践能力。

（四）构建浓厚的教育氛围，搭建与实际相符的创新创业实践平台

学校以及社会各界要通过广播、报刊等形式大力宣传创新创业教育，引起大学生与社会各界人士的注意；教育部要发布相关政策，引起学校的重视；国家要搭建并完善与企业、政府、社会各界相互联系的创新创业教育服务体系，为大学生提供政策解读、信用贷款平台、相关业务咨询等服务，鼓励大学生大胆尝试，解决大学生“敢想不敢做”“有想法，没办法”的后顾之忧，解决大学生创业中的种种问题，为创新创业教育保驾护航。

第三节　“互联网 +”时代大学生创新创业支持体系构建

一、支持体系构建的基本思路与原则

在“互联网 +”快速发展的今天，大学生创业遇到了许多困难，有资金方面的，有政策方面的，有技能方面的，还有服务方面的，等等。虽然一些高校开展了大学生创业培训，但是仅靠这些是不能很好地为大学生成功创业服务的。支持、服务高等学校毕业生创业是一项系统的工程，需要一个完整、成熟的教育服务支持体系。目前，中国尚未形成一个完整的创业支持体系，而在发达国家，尤其是美国除了有先进的创业教育体系和完善的理论支持外，还有一

套比较系统完善的支持大学生创业的政策，为大学生创业提供了有力的保障。因此，我们可以借鉴发达国家的经验，并结合目前中国大学生创业服务体系中存在的不足来完善创业支持体系。完善大学生创业支持体系是一个漫长而艰辛的过程，绝不能为了求快、求方便而照搬照抄国外先进的创业支持体系，忽视中国的具体国情，而应该本着实事求是的原则，吸收国外经验，在实践中不断完善大学生创业支持体系，以切实保障和落实大学生创业的相关服务工作。

二、大学生创业支持体系的构建策略

我国应建立一个以家庭、社会、国家为基础的，适合中国国情，符合大学生当下要求的较为全面的创业支持体系，以帮助大学生更好地认识创业的方方面面，帮助大学生克服在创业过程中所遇到的困难，全面支持、鼓励大学生充分地发挥自己的主观能动性，创新思想，突破自我，积极创业，为展现中国大学生自身的真正价值，促进中国经济快速腾飞而努力。

（一）建立完善的创业政策支持体系

改革开放 40 多年来，中国的经济增长速度稳步提升，在这样良好的经济环境中有着潜在的、巨大的创业机会。然而，中国现行的市场经济体制仍然有许多不完善的地方。大学生创业如果一味地像美国那样靠市场主导，势必会举步维艰，从而影响大学生再创业和其他大学生创业的信心与积极性。中国政府和社会组织应该从各个方面制定一系列政策和措施来鼓励大学生创业，方便大学生创业，保证大学生创业，使其真正成为中国经济前进的重要力量。

1. 创业鼓励

政府、高校、社会组织在制定各项政策鼓励大学生创业的同时，要让尽量多的大学生了解和知道这些政策的存在。以前的情况往往是政策虽在，但无人知晓，有些大学生会因此而放弃创业的念头。社会各界应该通过各种媒介深入宣传鼓励大学生创业的基本政策和措施，让广大有潜在创业想法的大学生通过了解这些鼓励政策产生其心灵上的共鸣，从而将创业理念转化成创业现实。同时，媒体要深入报道大学生创业成功的典型案例，树立创业者在大学生心中的典型形象，建立一种十分轻松、友好的创业氛围。社会各界也应该加强合作，开展一些适合大学生创业的社会活动，给予大学生一些创业奖励，增强他们的创业积极性。

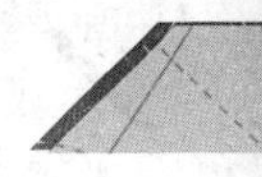

2. 税费减免

政府要方便大学生创业，还要在税费减免上下功夫，简化大学生创办企业和企业运营中的各项程序，减免相应的行政管理费用，减轻企业的负担，同时在各项税收中给予企业更高比例的优惠。

3. 技术支持

大学生在创办企业后很可能会遇到一些核心的技术问题，从而阻碍其进一步发展，这时候政府需要制定相关的法律法规保证大学生创办的企业获得核心技术，特别是要求国有企业和知名企业在条件允许的范围内尽量和大学生创办的企业进行技术交流，在技术层面给予一定的援助。高校的科研力量也可以成为帮助大学生创办的企业改良技术的有力平台。与此同时，大学生创办的企业在产品获利后可以反哺学校，进一步促进高校科研水平的提高，从而形成一个教学—科研—产出的良性循环。

4. 项目支持

大学生创办的企业尽管有好的发展前景、运营模式，但如果没有好的项目，不能盈利，仍然不能使其长久地生存发展。大学生刚刚毕业没有足够的社会关系网络，市场渠道的不畅会导致大学生创业的失败。政府和社会组织应该正确、合理、积极地引导，分配一定比例的政府采购项目和社会采购项目给大学生创办的企业，帮助其顺利拿到订单。

（二）建立完善的创业教育支持体系

高校作为大学生创业前期理论学习的基地，对于培育大学生相关的专业理论知识、创业基本技能和大学生的艰苦奋斗、持之以恒、敢于创新的企业家冒险精神有着十分重要的作用。我国政府相关部门对高校的创业教育十分重视。1999 年 1 月，教育部颁布了《面向 21 世纪教育振兴行动计划》，其中构想了适合中国国情的高校创业教育的内容。并且教育部高等教育司于 2004 年确定了清华大学、中国人民大学、武汉大学等九所高校作为创业教育的试点学校探索实施中国的创业教育。然而，由于创业理论知识储备不够，创业者的基本素质没有得到很好的锻炼。创业教育是成功创业的重要因素，因而高校有必要大力开展创业教育，为大学生创业奠定理论基础。

1. 纳入学分

高校要把创业教育纳入学分体制，使创业教育成为如同专业课一样的必修课，使尽量多的大学生接触到高校的创业教育。对创业教育任务的评估也会使高校的创业教育更加灵活丰富。各种创业技能、创业培训、创业活动的开展都将是大学生拿到学分毕业的必要环节。因此，将创业教育纳入学分是高校进行创业教育的有效前提，有利于创业教育的普及。

2. 课程设置

在成功将大学生拉入创业课堂里后，如何让学习创业相关课程的大学生保持兴趣，积极投入，从而能够真正掌握相关的创业理论、创业想法就成了高校创业课程设置所要关注的问题。课程设置的核心问题，一方面，在各个高校的各个特色专业和相关专业开设渗透性的创业课程，使类似化工、机械、生物等理工科的专业和法律、文史、会计等文科性的专业都有可以创业的切入点，并能够有机地结合文理专业，使大学生和教师能够充分地交流，全面释放创业理念；另一方面，考虑到在调查问卷中绝大多数大学生更在意的是创业相关课程的内容和形式，高校可以摒弃传统应试教育教师讲课、学生听课的死板模式，借鉴如美国百森商学院的圆桌会议、MIT 的创业课程实验、斯坦福的模拟商业谈判等创业课程形式，使大学生能够充分地了解和模拟今后的创业流程，并在此过程中结合灌输相关的创业知识，使其在模拟实验中自觉地克服创业困难，培养冒险精神和创业品质。这些措施使高校的创业相关课程更加灵活、生动、有趣的同时起到了培育大学生创业者素质的作用。

3. 创业竞赛

美国百森商学院和德州大学奥斯汀分校早在 1984 年就在高校内开展创业计划大赛（business plan competition）。后来美国的多所高校如纽约大学、斯坦福大学、芝加哥大学等都开展了相应的创业计划大赛，鼓励大学生创业。我国清华大学也于 1998 年开展了“清华大学创业计划大赛”。之后的“挑战杯”“求实杯”等多项创业大赛也相继开展，并取得了一系列成果。

（三）建立完善的创业资金支持体系

企业的创建、运营、维系都需要资金的注入。良好的资金链状况对于一个企业正常、健康的发展有着相当大的作用。资金困难是大学生创业的第二大难题。只有通过各种渠道有效地引入资金，才能支持大学生将创业构想转化成创业成果。因此，建立和完善以家庭、学校、政府、社会为基础的资金支持体系对于大学生创业有着极其深远和实质性的影响。

1. 家庭支持

很大一部分大学生的创业原始资金是来自家庭、亲戚、朋友的。这一方面

说明在现行的金融市场上想要通过商业信贷支持创业还十分困难，另一方面说明相关的法律法规和优惠大学生创业的资金政策还不完善，亟待出台。家庭支持除了指大学生的自有资金和通过亲戚、朋友的帮忙所获得的资金和物资外，还包括家庭对大学生创业的精神支持。精神支持是指家庭赞同大学生的创业行为，减轻大学生毕业后对其成家立业、赡养父母等的经济负担，能够容忍创业所抛弃的机会成本和创业失败的损失，相当于减轻了大学生创业负债的压力。两方面的结合对大学生创业初期的心理压力有极大的缓解作用。

2. 学校支持

高校的资金支持可以有效减轻大学生创业的时间成本，缩短创业周期，使其在高校内专心于理论知识的学习、创业技能和创业品质的培养及创业计划和创业构想的实施。高校的资金支持可以从以下三个方面实施完成：一是将科研成果进行商业化，二是举办高品质的创业竞赛进行创业奖励，三是直接设立创业种子基金。中国很多大学都相继设立了创业基金，使其成为创业教育和创业支持工作的示范学校，有力地支持了大学生创业。

3. 政府支持

大学生在创业初期遇到困难时最希望得到高校和政府的援助，政府对大学生创业的资金支持也可以从以下三个方面入手。

第一，相应的资金政策。政府除对大学生创业减免相关的税费外，降低大学生创业的门槛也是一种很好的减轻其创业负担的办法。

第二，银行贷款。政府可以硬性规定国有商业银行设定一定比例的商业贷款给大学生创办的企业，贷款利率在各地做相应的调整。同时，政府可以建立适合的担保预约制度，保证大学生可以相对容易地进行融资。

第三，政府设立创业基金。

4. 社会支持

社会的资金支持主要是指通过市场上的一些民间组织及市场力量来帮助大学生创办的企业融资。这是对大学生创业融资的一个补充。社会各方力量对大学生创办的企业进行的融资援助具体有以下三个方面内容。

第一，中国的民间非营利组织（NPO）可以联合一些专门的机构投资者，对项目较好的大学生创办的企业进行风险投资。在国外，这也是比较常见的投资方式。尽管这是一种带有股权性质的投资，但机构投资者会在咨询、财税等各方面对大学生创办的企业进行援助，这也是本书比较推荐的融资模式，它提高了大学生创办的企业的存活率。

第二，中国民间非营利组织可以组织一些企业投资与其发展方向相关的大学生创办的企业，这将对双方的发展取得积极正面的双赢效果。

第三，民间非营利组织直接资金援助或者直接贷款。但是这一方式可能由于资金数额低、利率高，因此需要贷款的大学生经常反复斟酌，有一定的局限性。

（四）建立完善的创业服务支持体系

助力大学生创业获得成功需建立一套完善的服务支持体系，为大学生创业起到润滑剂的作用。

1. 创业基地

大学生在获得了创业资金、创业项目之后，往往需要一个固定的办公场地进行日常的管理、生产、科研开发、办公等，而创业基地就能够满足大学生这样的需求。这种创业基地往往固定建在大学校园或经济产业园中。大学生创办的企业开业办公后，需要将自己的创业构想转化为创业产品并在市场上销售。如果做不到成果转化，那么大学生创业的失败则不可避免。由于缺乏市场经验和营销渠道，大学生创办的企业需要政府、高校、社会的市场导向支持。除了在政策支持中提到的“政府要拿出一定数量的政府采购合同给大学生创办的企业，帮助其拿到订单”外，也需要广大的社会力量将大学生企业所在领域的相关信息进行资源共享，最大限度地降低信息不对称的程度。大学生创办的创业者要在政府、高校、市场的引导下更好地了解自己从事的相关行业信息，确认自己的客户资源，完成市场细分，对自己核心的领域有的放矢。

2. 管理服务

创业支持体系不仅要让大学生创办的企业成功地建立，更重要的是如何让大学生创办的企业健康成长，不断壮大。因此，管理服务水平的高低将直接影响大学生创办的企业的存活率和发展状况。这里也从三个方面进行概括。

第一，在创业基地、大学创业园等设立专门的管理服务部门，对大学生创办的企业所遇到的法律、财税、会计等相关的企业基础常识提供咨询与援助，使其尽量少走弯路。

第二，内部管理。内部管理是要让大学生创业者了解企业的产权结构和现行的企业组织结构。这在合理的分配和设计下，能够让企业不至于产生一些不必要的纠纷和问题，从而让企业在创办后能够较为良好地运转。

第三，对大学生创办的企业的相关人员进行再培训。培训的内容不再是创业的相关问题，而是关于行业内的基本问题，包括在企业内任职的不同员工应该享有或承担哪些相应的权利和责任，并具备怎样的素质和能力，努力提升企业的核心竞争力，使大学生创办的企业能够尽快做强做大。

创业集群辐射效应使创业的大学生都在这个孵化基地进行创业，相互交流，提高大学生创办的企业的存活率。

三、“互联网 +”背景下大学生创业支持体系构建的建议

大学生创业的培育和引导是一个长期的过程，除需要政府、社会等各个方面共同努力外，更需要充分利用当下互联网经济发展势头，以“互联网 +”思维促进大学生成功创业。

（一）以“互联网 +”为载体，构建大学生创业教育体系

1. 利用“互联网 +”技术构建适合各区域创业教育课程体系

创业教育课程是创业教育理念的主要载体和实现创业教育目标的重要手段，是创业教育实施的主要途径之一。根据高校所在区域大学生的特点和需要，高校可以利用“互联网 +”技术构建立体式、全天候、全覆盖的自助课程体系。例如，开发专门的创业教育网站，网站涵盖创业经典故事、创业网络课堂等；制作“碎片式”手机 App 移动创业课堂，给予一定的流量补贴，鼓励大学生随时随地学习创业课程；建立校方创业微信群，让创业者有问题随时可以得到解答等。

2. 基于“互联网 +”技术构建高校创业教育实践体系

创业是一种实践性很强的活动，高校要利用“互联网 +”技术设置一系列创业实践活动，改变传统的实践方式。例如，构建线上线下创业实践体验平台、网上模拟创业；利用“互联网 +”技术建立网上大学生创业园，组建虚拟学生创业公司；线上线下实战经营，建立远程创业视频系统，与创业教育专家和创业成功人士互动交流。创业实践活动要突出“创造性”“实践性”的特色。

3. 以“互联网 +”技术为支撑建立高校创业教育评价体系

创业综合素质、创业能力的提高、创业大学生的数量等方面指标不能全面反映创业教育状况的实际。为更好地确定创业教育实施情况和最终效果，高校需利用“互联网 +”技术建立以创业率、创业成功率、创业教育影响力等因素为核心指标的创业教育评价体系，建立相关模型，使用大数据分析法得出科学

结论，以推进创业教育健康、持续发展。

（二）强化创业教育与指导，培养大学生创业理念和创业能力

高校在进行传统专业教育的同时，应当将创业教育纳入高等教育的课程体系，改革人才培养方案，使创业教育成为大学生的必修课程，进行系统的传授，培养大学生的创业意识和创业能力。在大学生实习阶段，对有创业意愿和创业能力的大学生，高校就业指导部门应及时将其推荐到大学生成功创办的企业或其他创业型企业中进行学习交流和实习实践以提高其对创业的感性认识，进而积累创业经验，增强其创业自信。

（三）为大学生创业提供针对性扶持，提高首次创业成功率

政府部门在简化大学生创业审批程序、放宽对创业的注册资金和场所的限制、减免创业行政收费、落实税收优惠政策等基础上，还要结合大学生文化水平高、综合素质高、社会经验少的特点，引导其从事与所学专业或兴趣对口的创业项目，将专业、个人兴趣与创业方向结合起来，并成立由高校专业教师和创业企业家组成的“创业导师团队”，对刚起步的大学生创办的企业进行一对一帮扶。

（四）开展大学生创新创业竞赛活动

社会和科技部门应通过开展“大学生创业创意大赛”和“大学生创新创业分享沙龙”等活动，鼓励和引导大学生将创新创意转化为创业项目，营造大学生创业的良好氛围，并以此活动为契机，搭建大学生与创业伙伴、创业投资人的线下沟通交流平台。高校或相关政府部门应针对大学生缺乏社会经验、人脉资源、企业管理经验和销售渠道等情况，根据不同创业大学生的专业优势和性格特点，积极组织协调多个大学生共同创业，各司其职，优势互补。政府应开展创业实训、模拟运作、孵化培育等公共服务，并鼓励和引入民间、社会力量组织专门的创业指导机构，为创业者提供法律、投资、财会等专业服务。

（五）运用“互联网＋”新理念，打造大学生创新创业新模式

大学生创办的企业（尤其是传统产业的企业）应充分运用“互联网＋”新理念，将传统企业与互联网完美融合，走信息化与工业化相融合的路子。而大学生创立的小微科技企业应充分利用互联网优势，为企业打造一个开放式的创新平台，采取“众包”模式，汇聚全社会的创新力量，并以此为载体为客户提供各类个性化的服务和体验，加快企业创新和个性化发展步伐。

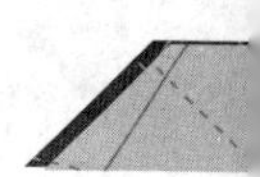

（六）基于互联网技术，搭建高校众创服务平台

政府应适应新型创业型孵化平台的特点，简化登记手续，对“众创空间”的房租、宽带网络、公共软件等给予适当补贴，尽量降低搭建平台的成本，让青年人，特别是大学生的兴趣与爱好转化为各种创意，通过线上“创客联盟”、线下“众创空间”等平台将其汇聚起来，逐渐把孕育于移动互联、根植于创业草根、适用于创新创意的空间，打造成培育各类青年创新人才和创新团队的场所，在创意者、创新者及投资人之间实现信息对称、项目对接、资本对接的创新型创业孵化综合服务平台，努力把各种创新创意转变为现实，鼓励科技创业企业充分发挥线上“创客联盟”和线下“众创空间”平台的优势，集中开展技术难题攻关和创新创意研发。这样不仅能降低企业科研成本，而且有利于营造“万众创新”的社会氛围。

（七）运用互联网经济发展势头，引导大学生开展电子商务创业

政府应开展大学生网上创业模拟实训，提高创业人员的操作能力，打造大学生电子商务创业实践基地，积极引导大学生创办的电商企业进驻电商创业园，为大学生创办的电商企业提供电商培训、电商企业孵化和运营的一体化服务，实行以奖代补，并对创业初期的小微电商企业实行社保补贴和场地租金补贴。

（八）政府加大资金扶持力度，革新创业融资形式

目前，中国高校毕业生创业的特点决定了毕业生更需要风险投资。由于他们是刚毕业的大学生，资金缺乏，而且中国的风险投资体系尚不够完善，信用制度很不健全，因此融资是高校毕业生必须解决的问题，不然创业就无法进行下去。为此，政府应该主动牵头，搭建大学生创业的融资平台，为其融资创造有利的环境；建立大学生信用体系，加快和完善资本市场体系建设，为大学生创办的中小企业建立成熟的融资、投资体系。除此之外，政府还可以对帮扶大学生创业的社会企业给予一定的奖励，引导社会力量支持大学生创业发展。

各级政府应设立专门的大学生自主创业储备基金，重点资助本地区具有一定科技含量与良好发展前景的大学生创业项目。同时可考虑将下岗失业人员小额担保贷款的申请对象扩大至创业的大学生，扩大大学生创业扶持资金的来源渠道。充分发挥“种子资金”的带动效应，如由政府提供少量资金，带动社会和民间资金成立“大学生创业风险基金”，再由第三方专业机构对申请资金

的创业项目进行风险评估，通过评估的企业可获得基金支持。政府和金融系统应支持大学生创办的企业通过成熟的金融市场获得更多的资金，发展多种融资渠道（如以大学生申请的专利或其他知识产权进行融资），为大学生创业提供更多的资金支持。具体为：政府在推进小额贷款公司发展时应明确小额贷款对毕业生创业贷款的比例；制定政策规定各商业银行对高校学生创业贷款计划单列；加强贴息贷款力度；建立中小企业信用担保体系，促进银行贷款向高校大学生创办的企业倾斜；设立高等学校毕业生投资机制，形成大学生创业的助推器。

（九）整合社会创业优惠政策，提高大学生创业服务保障能力

政府应梳理对社会各类群体的创业优惠政策，实现政策的普惠性；放宽对大学生创办的企业的注册资金和场所的限制，落实税收优惠政策；加强大学生创业园建设，建立创业园人才信息库，提供园内创业大学生的信息交流平台；建立定期为企业提供与园外企业学习交流机制，全方位、多层次地为大学生创业服务；依托大学生创业园和创业孵化基地，对有创业意向的大学生免费提供创业指导、创业培训、税费减免、小额贷款等一条龙服务，切实提高对大学生创业的服务保障。

（十）建设创业实践基地，满足大学生创业需求

创业环境通常指的是围绕创业成长发展而变化的，并对企业实时产生影响的一切因素的总和。创业环境具有区域性，不同的地方其社会结构、经济发展水平不一样，给予的优惠帮扶措施也不一样。这些因素都将对创业企业产生重要影响。大学生创业基地具有社会公益事业性质，政府应在资金上、政策上给予支持，但从国家和目前一些地方财政的承受能力看，这类企业不能完全依赖政府的支持，创业基地要通过探索和开发满足市场需求的服务产品、服务方式，不断提高创业基地的自我生存能力和自我发展能力，要把承担政府政策性、公益性目标与基地的自主发展结合起来，积极寻求自主经营和可持续发展的空间。

政府要加强大学生创业基地建设和高科技创业孵化器的建设，要建设专门的创业园，通过集聚效应降低大学生创业风险，提高其创业成功率；要在大学生创业园区内建立完善的帮扶机制，引导社会力量、民间资本参与大学生创业。此外。孵化科技产品可以加快项目转化，从而帮助大学生创业，促进大学生创业的成功。政府要整合有限的资源，有针对性地支持创业项目，形成规

范的、科学的支持体系，从而为大学生创业搭建一个合理的、公正的支持帮扶系统。

（十一）提供完备的大学生创业指导咨询服务

建立与完善中小企业社会化服务体系是《中华人民共和国中小企业促进法》的规定。中小企业社会化服务体系以服务社会各类中小企业为宗旨，以营造良好的经营环境为目的，为中小企业的创立和发展提供多层次、全方位、网络化、社会化的服务。高校大学生创业支持体系就是这个体系的一部分。只有构建一个好的网络才能够提供好的服务。构建高校大学生创业支持体系主要应从以下两个方面着手。

一是要树立以人为本的服务理念。高校大学生创业支持体系应从高校学生创业的实际需求出发，不断完善和创新服务内容。重点包括：为有意创业的高校大学生提供创业咨询、创业指导与策划、创业培训等服务；为注册登记两年内的大学生创办的企业提供财税、法律、劳保、外贸等代理服务，政策与信息服务，管理咨询服务，技术服务，融资指导服务，人员培训服务等。

二是鼓励各类服务机构多渠道征集、开发创业项目。高校大学生创业体系应建立“创业项目信息库”和“创业者信息档案库”，及时为高校大学生创业提供服务，帮助高校大学生掌握基本创业技巧，指导制订创业计划书，规划创业项目，帮助其实现创业。各类服务机构通过多方面的指导采取多种形式帮助高等学校毕业生创业，构建合理的支持服务体系，可以辅助大学生成功创业。

建立高素质的创业教育培训的辅导员队伍是创业教育服务支持工作的基础。各级政府和相关职能部门要把当地各行各业有经验的人（如优秀的企业家、法律专家、管理咨询专家等）组织起来，为高校大学生创业服务；要建立创业辅导员选聘及管理制度，使其成为地方创业服务的重要力量，有条件的地区可以组织“专家咨询”“创业志愿服务”等活动，深入实际开展高校大学生创业服务。

（十二）多措并举，提升大学生创新创业能力

长期以来，由于传统的观念，大学生毕业后就是读研或就业、出国等。这样的培养模式束缚了大学生创业的思想和行为，使其创业意识严重缺乏。为此，对大学生进行创业教育培训势在必行。创业教育培训是激发和提高大学生创业能力的重要环节，可培育大学生的创业精神和理念，使其树立一种创新意识。高校必须改变传统的教育模式，转变教育观念，加大创业教育的力度，不

断根据变化的形势实时设置创业教育课程，把创业教育纳入教学计划，形成一个完善的创业教育课程培养体系，使大学生的创业能力和潜力能得到充分发挥，形成良好的创业教育氛围，促成大学毕业生积极创业。高校应该设立有关创业教育的激励机制，并充分调动教师的积极性，不断指导和帮助大学生创业，建立一套合理、有效的目标体系，保障创业教育课程的顺利进行。

大学生创业教育是多方面的，仅靠高校本身是远远不够的，必须得到政府的大力支持、企业的鼎力相助。企业家走进校园为大学生授课并讲授实战经验，对大学生创业进行指导；政府整合有效资源，有针对性地帮助大学生创业。只有在全社会营造良好的创业支持氛围，各方从“支持大学生创业”活动中受益，才能真正建立起社会的支持体系，高校大学生创业教育才能得到长足发展。

（十三）为大学毕业生创业配备创业导师

大学毕业生刚创业时一个很重要的方面就是缺乏实践经验，因此为他们配备创业导师是非常必要的。导师是校外的有实战经验的企业家或职业经理人等，能及时解决大学生创业过程中遇到的问题，提供必要的帮助，使他们少走弯路，提高其创业成功率。具体措施有举办拜师会或学校聘请相关项目的企业家，学生和导师相互了解并进行双向选择，这样就可以加强对大学生创业实践的有针对性的指导。

第五章　互联网时代高校创新创业教育师资建设研究

第一节　高校创新创业师资队伍的建设探析

一、教师在开展创新创业教育中的地位和作用

高校创新创业教育是在整个人才培养过程中，运用先进的教育理念、科学的人才培养模式、不断更新的教育内容和适宜的教学方法，培养大学生创新精神、创业意识、创新创业素质和能力的教育。其核心是培养大学生创新创业精神和创新创业能力。创新创业精神方面的教育包括品德、人格、心理素质等方面的教育，创新创业能力方面的教育包括组织领导能力、经营管理能力、沟通协调能力、专业技术能力、开拓创新能力、机会识别能力、创业设计能力和风险承受与防范能力等方面的教育。可见，创新创业教育既不是一种单纯的学科知识教育，也不是单纯的职业技能教育，而是一种在学科教育基础上由多学科支撑的，对学生的创新创业精神、创新创业意识、创新创业知识、创新创业品质和创新创业能力的教育。

高校创新创业教育是一个依托专业教育和相关基础理论教育，内容丰富、涉及面广、操作性强的复杂的系统工程。要想实施好这个工程，就必须推进创新创业教育向深层次发展，培养高质量创新创业型人才，高水平的创新创业教育师资队伍。

第一，教师是创新创业教育课程体系的构建者和实施者。我国的创新创业

教育探索虽然开展得比较早，也有一定的基础，但从总体上看，仍处于起步阶段，课程与教材建设滞后，缺乏创业实践平台和政策支持体系。高校的创新创业教育基本处在开设部分与创新创业相关的课程、开展一些与创新创业相关的活动层面上。从课程设置看，一些高校许多专业还没有开设创新创业教育系列课程，即使有，也缺乏系统性、针对性、可操作性；而另一些高校开展的创新创业教育，则局限于创新创业的理论知识或操作技能层面，与学科专业教育及实践环节脱节。究其原因，还是高校创新创业教育师资力量严重不足，没有时间和精力去研究如何构建并实施符合学校实际的创新创业教育课程体系。只有教师传授特定的知识、经验、技能，指导学生解决学习中存在的问题，创新创业教育才能沿着既定目标顺利进行，预定的教育教学任务才能完成。

第二，教师是创新创业教育教学活动的组织管理者。高校开展创新创业教育是通过一系列目标明确的教育教学活动来实现的，而这些活动是由具有丰富创新创业理论知识和实践经验的教师凭借自己的知识和才能，选择特定的方式与途径组织的。不仅如此，教师还要凭借自己的教学经验和管理才能，有效地控制课堂、控制活动、管理教育对象、把握各项教育教学活动的作用方向和作用程度，才能最大限度地提高创新创业教育教学活动的质量和效益。也就是说，只有启动和进行教师创新创业教育的内部运行机制，创新创业教育的特定目标和要求才有可能达到。

第三，教师是大学生创新创业实践活动的指导者。高校的创新创业实践活动是培养大学生创新创业精神和创新创业能力的重要平台，学校各级各类组织是这一平台的搭建者，大学生是表演者，教师是导演者。教师在各类创新创业活动（如大学生科技竞赛活动、大学生创业计划大赛、大学生创新课题申报、大学生自主创业等）的指导过程中，要注重培养学生的兴趣，训练学生的创造性思维、求异性思维、发散性思维和逆向思维，从而激活大学生创新潜能，激发大学生创新的积极性和创业的主动性；大学生在教师的指导下，能够从活动中获得创新创业的实践体验，陶冶情操，积累经验，锻炼能力。

第四，教师是创新创业教育理论的主要研究者。我国的创新创业教育尚处于初始阶段，基础薄弱，理论研究尚未深入。创新创业教育实践的深入发展需要理论的指导，因此创新创业教育理论研究的需求十分迫切，任务也相当繁重。在一线从事创新创业教育的教师，掌握着丰富的实践素材，对高校创新创业教育存在的问题有着清醒的认识，对如何解决问题最有发言权，对现实的创

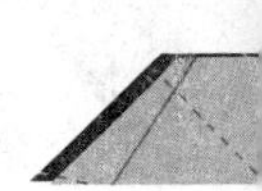

新创业教育最需要什么有切身体验，对我国创新创业教育今后的走向有深刻思考。所以，社会各界尤其是教育主管部门应采取切实措施，充分调动教师投身创新创业教育科研的积极性和创造性，尽快构建符合我国实际、具有中国特色的高校创新创业教育体系，以促进高校创新创业教育的健康、深入发展。

二、我国高校创新创业师资队伍建设的新要求

结合目前我国高校创新创业师资队伍建设所存在的具体问题，以及其他国家高校创新创业师资队伍的建设经验，要从制度设计、协同创新和全员培训，以及评价激励等多个方面出发，通过完善师资队伍建设路径，从而为高校创新创业师资队伍建设提供强有力的支持。无论是教学环境，还是大学生培养的具体需要，都要注重充实教师力量。在社会创新进程不断加速的今天，做好师资队伍建设，丰富创新创业教学内容极为重要。

目前，我国高校大学生的创新能力不足，创业的成功率不高，从本质上看，造成这一问题的核心原因在于缺乏完善而系统化的高校创新创业师资队伍。因此，想要满足高校大学生创新创业教育活动需要，提高教学实效性，就需要从加强师资力量的角度出发，优化师资配置。除了选聘专业教师外，还要开阔人才选聘视野，聘请社会人士参与其中，为高校创新创业师资队伍充实力量。

根据目前高校大学生创新创业教育活动需要，培养大学生掌握必要的创新精神和创业技能至关重要。特别是通过构建完善的创新创业教学体系，从而有效培养大学生的创新创业能力，让他们在参与过程中形成良好的创新意识。

在创新创业教育实践教学中，提高大学生的创业能力与创新思维至关重要。因此，良好的高校创新创业教育活动，既能有效挖掘大学生的创业天赋，培养他们的创新思维，也能够培养他们良好的创业心态，尤其是激发他们的创新意识，满足时代需要。在高校创新创业教育活动中，要想实现最佳教学目标，除了要制定合理的教学方案、构建完善的教学体系外，还需要加强高校创新创业师资队伍建设，创新人才配备理念，激发大学生参与创新创业活动的兴趣，从而打造符合创新创业时代环境，满足高校大学生的培养要求。

三、开展大学生创新创业教育的必要性

通过创业来解决就业问题，建设创新型国家，这实际上就是政府颁布与实

施创新创业教育的初衷。因此，我们要不断完善创业扶持政策，倡导通过创业来带动就业，搭建多功能的创业服务平台。在当前的教育体系中，高校不仅要为社会发展培养多样化的人才，还要注重为社会发展而服务。高等教育逐步实现了大众化，因此要主动承担起应尽的职责，鼓励与指导大学生创业。在这种情况下，高校要积极落实创业教育注重对人才的培养，将其作为主要工作来抓，这其实也是当代高校的职责。培养大学生的创新创业能力，是确保高校核心竞争力的关键，积极开展创业教育，能够有效地带动就业，在全社会范围内树立创新创业意识，进而辅助构建创新型国家。

树立新的理念，强化对创新与创业的认知，切实提高自身的综合素质，精准定位，进而实现自我价值，在成就自我的同时推动社会的发展，这些是缓解当前高校大学生就业压力的有效途径。引导大学生树立积极的思想，培养大学生开拓进取的精神，通过创业来解决就业难题，更好地为社会发展服务。大学生接受过高等教育，因此创新能力突出，而高校要主动承担起自身的职责，积极开展创新创业教育，指导大学生将其落实到实践中去，更好地面对社会的竞争，同时培养创新人才的综合素质，更好地迎接社会的挑战。

根据政府制定的创新发展规划，高校采取何种措施来解决当前落后的人才培养制度，切实提高大学生的实践能力，已经成为全社会关注的焦点，也是高校必须解决的难题。判断高校是否具备科学而专业化的教育模式，能不能为社会发展输送综合型人才，就要看其出发点和落脚点。高校要紧跟社会发展步伐，考虑社会发展需求，扭转传统的教育模式，积极推广创新创业教育，加快课程改革的步伐，注重创业课程的开展，打造更加先进、科学且具有实践性的专业人才培养模式。

当前，社会经济快速发展，社会大众的生活条件有了明显改善，部分大学生缺乏对学习的兴趣与爱好，一味地追求物质生活，失去了奋斗目标。利用创新创业教育化管理手段，营造良好的创业环境，让大学生亲身体验创业历程，感受创业的魅力，培养大学生的学习兴趣与爱好，最大限度地发挥其自身的特长，挑选最佳的创业目标。考核模式也出现了巨大转变，不再一味地强调出勤率与卷面成绩，更加注重创新能力、工作绩效以及团队的认可度等，以综合素质来评价。为了达到预期的目标，要积极构建系统化的奖励评判与绩效考核体系，提高工作的积极性与主动性，挖掘自身的潜力，真正地实现创业。培养大学生的综合素质，追求自我价值的实现，精准定位，努力实现自己的梦想与目

标，将创业教育转化为社会生产力。

第二节　高校创新创业师资建设策略

一、应用型高校创新创业教育师资队伍建设存在的问题

当前，我国应用型高校创新创业教育师资队伍建设初显成效，但仍然存在一些问题，与应用型高校创新创业教育教师要树立人人成才的新理念、要发展因材施教的新能力、要掌握灵活有效的新方法、要具备实践引领的新素养等要求相距甚远。

（一）教育观念陈旧

目前，部分应用型高校教师对创新创业教育的认识存在误区，导致应用型高校创新创业教育发展相对缓慢。有的教师认为创新创业教育就是培养未来企业家的教育，关键要教大学生如何开公司、办企业，只要对少部分有创业意向和创业能力的大学生进行创新创业教育就足够了，没有必要面向全体大学生开展创新创业教育；有的教师认为创新创业教育为解决大学生就业难问题提供了新方向和新方法，所以把创新创业教育作为大学生就业指导的有效补充，鼓励大学毕业生找不到合适的工作就选择创业，导致一些大学毕业生没有经过深思熟虑就盲目创业，如开网店、做微商，多数大学生最终以失败告终；有的教师认为创新创业教育只是对专业教育的补充，创新创业教育和专业教育是分割的，专业教育是第一位的，创新创业教育是第二位的，大学生先要学好专业知识，有业余时间和精力的话再学习创新创业知识，因此没有将创新创业教育纳入人才培养全过程。总之，种种原因导致教师对创新创业教育的重要性认识不足，缺乏工作热情和积极性，教学效果不尽如人意。

（二）教师数量严重不足

我国高校创新创业教育正开展得如火如荼，但效果不尽如人意，其中一个主要原因是教师数量严重不足。2019 年，全国高校创新创业教育专职教师近 2.8 万人，而在校大学生的数量已达 3031.53 万人。高校在读生总数与创新创业教育专职教师数的比例约为 1082∶1，即 1082 名大学生只配备 1 名专职教师。杨晓慧认为，“根据专职为主、专兼结合的原则，参照高校就业指导课教师

（1 ： 500）和思想政治理论课（必修课）教师（1∶350～1∶400）配比，创新创业专职教师与在校生的师生比应该不低于1∶500”①。显然，当前创新创业教育教师数量无法满足创新创业教育发展的需求，导致教师在开展创新创业教育时面对数量较多的大学生，往往有心无力，难以做到一一指导、因材施教、有效教学，导致创新创业教育质量不高。

（三）专业性不足

我国高校实施创新创业教育的主体是高校的就业指导中心、创业学院、教务处和学生工作处等部门，创新创业教育的专职教师主要是这些部门的工作人员或教师，创新创业教育师资队伍专业性不足。另外，创新创业教育需要坚持工学结合、校企合作、顶岗实习的人才培养模式，注重“做中学、做中教”，重视理论与实践一体化教学，强调实习实训等实践性教学环节，这就对教师的实践能力提出了较高的要求。但是，应用型高校创新创业教育教师由于普遍没有创业经历，缺少企业经营和管理经验，多数不具备开展创新创业活动的能力。主要表现在以下两个方面。第一，创新创业教育以创业基础课程的讲授为主，实践类创新创业教育十分有限。例如，创新创业教育的实践形式较少，主要是鼓励大学生参与创新创业大赛，以获得短期收益或大赛奖励为主，缺少后续的项目孵化工作。第二，创新创业教育的内容比较浅显，往往只是讲解一些概念性的知识，或者介绍一些成功人士的创业案例，教育的深度和广度不够，对大学生实际创业能力的提高非常有限。

（四）师资队伍素质不高

创新创业教育涉及综合知识领域，对师资的素质要求比较高，要求教师不仅具备夯实的专业技能、丰富的创业经验，还要求其具备丰厚的文化底蕴，以及高尚的品格和健康的心理，唯此才能够对走在科技产业前沿位置的创新创业予以引领。而我国当今的创新创业教师，大部分是学生工作管理者和“半路出家”的教师，大多数没有企业工作经验，更没有创业经历，现有的创新创业师资队伍不能满足我国新时代创新创业教育发展的需要。

（五）结构不合理

创新创业教育是一项复杂的系统性工程，需要社会各界共同努力。拥有丰

① 杨晓慧.高校创新创业教育亟待加强师资建设(建言)[EB/OL].(2018-07-04)[2020-02-29]. http://yn.people.com.cn/gb/n2/2018/0704/c372441-31775932.html.

富实践经验的校外兼职教师是创新创业教育师资队伍中必不可少的一支重要力量。当前，“教师队伍结构不均衡也是一大问题。从报告来看，目前创新创业教育师资队伍中专任教师比例过低，仅为14.8%。其人员组成以校内学生工作人员为主，占比约为66.7%，而校外兼职教师呈现较大的校际差异，占比低的仅为5.5%，高的能达到37.7%”①。应用型高校目前主要采取校企合作的方式来组建专兼结合的创新创业教育师资队伍，在培养大学生创新创业能力方面发挥了一定的作用，但校外兼职教师质量参差不齐，而且受企业生产或企业管理等因素的影响，很难保持稳定，尤其是兼职教师与高校之间不存在隶属关系，高校难以发挥对兼职教师队伍的激励和约束作用。

二、借鉴美国高校创新创业师资队伍建设的先进经验

美国是创新创业教育发展最早的国家，目前美国的创新创业教育水平位居世界前列。而美国创新创业教育质量领先于其他国家的制胜法宝，就是美国高校充分认识到教师队伍建设在创新创业教育中的核心地位，从而打造了一支强大的创新创业教育师资队伍。美国麻省理工学院、斯坦福大学和百森商学院在创新创业教育方面做出突出了贡献，它们在师资队伍建设方面为我们积累了成功的经验。

麻省理工学院创新创业教育教师有内部学术型和外部实践型之分，为解决教师科研和实践间的冲突，提出1/5原则，要求教授在一周内专门设置一天从事创业服务和实践，该做法有效地弥补了创新创业师资力量的不足。另外，麻省理工学院还将创业服务和实践经历作为教师聘用、考核和晋升的重要依据，该举措极大地调动了教师的积极性。

斯坦福大学创新创业教育师资呈多元化，斯坦福大学具有强大的专职教师队伍，同时邀请全球创业成功者及企业管理者担任课堂嘉宾，进行经验分享与交流。除此之外，斯坦福大学还鼓励师生进入企业实习，这样做既提高了教师的教育水平，也为大学生创造了深入企业观摩、学习和实践的机会。

百森商学院拥有一批优秀的创新创业教育教师，其中既有经验丰富的企业家和企业高管，也有卓有成就的科学家和学者。他们除具有丰富的教学经验外，还拥有参与国际性的企业创业经历及研究成果，将其有效融入教学，这就

① 徐小洲．中国创业教育研究的特征和趋势——基于2009—2018年研究成果的计量可视化分析[J]. 中国高教研究，2019（3）：52-60.

为大学生提供了涉足创新创业前沿知识的机会。另外，百森商学院独特的“创业师资研习班”项目，规定每位教授必须带一位企业家参与教学，为补充创新创业师资树立了典范，同时该学院还面向社会公开选聘创业者或企业管理者作为客座教授交流经验或做讲座等。

以上三所大学在师资队伍建设中呈现共性：一是师资来源具有广泛性和多元性，校内专职教师与外聘兼职教师有机结合；二是严格的选拔和考核机制，美国在选聘创新创业教师时，对于教师的管理学背景、社会服务经历及学术成果均有严格的要求，而在考核时，也有一套规范的考核评价标准和方法对创新创业教师进行全方位的评估考核；三是重视教师培训，通过定期或不定期地举办教育论坛、培训讲座及搭建交流平台等途径，提高教师创新创业教学能力；四是重视教师创新创业实践经验，创办特色项目，建立企业实习基地，搭建实践平台。

三、高校创新创业教育师资队伍建设策略

建设一支业务过硬、专兼职平衡、流动有序的可持续发展的师资队伍，需要本着激励性、可持续、可行性、校本化的原则，从队伍组建、遴选准入、培训学习、交流共享、评价激励、校企合作等方面进行创新建构。

（一）完善校内师资队伍建设总体规划

创新创业教育是一门综合性的学科，涉及社会学、教育学、心理学等相关专业学科，为此高校应立足本校实际，选拔一批各专业教授及中青年学科技术能手作为核心骨干教师，在薪资待遇等方面予以倾斜以稳定教学师资队伍。同时支持并鼓励优秀中青年教师参加创新创业方面的学习及深造，深入企业亲身感受企业的管理、运作、发展，参与社会实践活动，提高创业实践能力，丰富实践经验。各高校要制订诸如创新创业教育师资培养计划，并纳入学校师资队伍建设的总体规划；建立以创新为导向的符合教学科研规律，科学合理的教师评价指标体系，重视绩效考核过程，公正地评价教师创新创业的成果与业绩，增强教师对创新工作的认同感。制定以创新创业为导向的薪酬方案，同时要考虑到高校教师有着强烈的自我实现的需要，所以还要辅以相应的精神激励，充分激发教师的创新潜能，自觉开展创新创业活动。

（二）组建全员化、多元化、专家型师资队伍

大学生创新创业教育是一个全方位、多层次的工作。而加强高校创新创业

师资队伍的建设，则是高校创新创业教育纵深发展、持续发展的关键。要提高大学生创新创业教育的质量，需要全体教职工的参与。创新创业教育是多种学科融合的教育，一方面它要求教师有多学科的知识结构，另一方面要求教师具备一定的创新创业实践经验。因此，高校在选拔和组建创新创业师资队伍的过程中，要注意数量、学科、能力和经验等方面的互补与协调，打造专兼结合、多学科互补、能力经验互为补充的全员化、多元化、专家型师资队伍。

1. 组建校内“学术带头人—核心教师—骨干教师—兼职教师”四位一体的创新创业师资团队

创新创业教育质量的提高，不能靠单打独斗，而应组建一支紧密团结、功能互补的教育教学师资团队。

第一，学术带头人。学术带头人指的是在某一个学术领域和科研项目中的“领头羊”，他们是该学术领域无可置疑的行家里手，可以在学校的相关教研室主任、优秀主讲教师和学校的创新创业教育专家中筛选和培养。学术带头人要在创新创业学科建设中有正确的引领性、较强的专业性、良好的综合能力，能够带领创新创业团队不断精进、开拓、创新、成长。

第二，核心师资队伍。专职创新创业教师为核心创新创业师资，学术带头人和核心师资组成一个核心创新创业师资团队，参与研讨教学大纲、教学设计、教案、教学方式、教学模式、考核方式等重要问题。

第三，骨干教师队伍。选择有志于创新创业教育教学的、有较好的创新创业教学经验和较强的教学能力的兼职创新创业教师组成教学团队。

第四，兼职教师队伍。兼职教师是指兼职教授创新创业课程的普通教师或者新加入队伍的教师。

以上四个层面的队伍具有流动性，应尽量保持队伍的正向流动，既能够培养人才，也能够留住人才。

2. 辅导员加入创新创业教育师资队伍

辅导员是创新创业师资队伍中不容忽视的重要力量，辅导员参与大学生创新创业指导教育工作，有得天独厚的优势。第一，辅导员一般比较年轻，与大学生年龄相仿，生活经验和阅历比较相近，当大学生在创新创业过程中出现不良心理情绪时，可与他们进行充分沟通，所以辅导员的指导效果往往更有效。第二，辅导员和大学生相处时间较多，更熟悉他们的家庭背景、性格特点、专业能力、综合素质等方面的情况，能更有针对性、更个性化地进行大学生创新创业指导教育，从而提高大学生创新创业的能力和技巧，实现顺利创新创业。第三，因辅导员的职责和工作的内容，更容易使他们将大学生创新创业指导融入常规工作，增强大学生创新创业指导的实效性。

3. 鼓励专业教师加入创新创业师资队伍

专业教师对大学生所学专业认识全面，了解专业的发展趋势、最新动态和重点难点，更能从专业角度理解和指导创新创业教育，在培养大学生的创新创业意识上更有优势。专业教师加入创新创业师资队伍，可以有效弥补创新创业师资中专业知识教育的不足，促进专业教育和创新创业教育的有机融合，促进高校创新创业教育向纵深层次发展，促进创新创业教育成果的专业转化，对创新创业教育质量的提高有重要意义。

4. 组建校外兼职的创新创业教师队伍

校外兼职的创新创业辅导教师可以与校内创新创业教师互为补充，提高高校创新创业教育的质量和效果。高校教师更擅长理论，和大学生有着更多的联系，教学方法多样，这些都是高校教师的优势，但其创新创业实践经验欠缺。高校可以向社会招聘和选聘优秀的企业家、成功校友、行业专家、创新创业教育专家等校外人士，组成大学生创新创业教育校外专家队伍。这些校外兼职专家具有较为丰富的创新创业实践经验，充分了解行业动态，同时又具备良好的教育教学素养，能够帮助大学生更好地了解社会行业现实情况和创新创业过程，提高创新创业的技能和素养。因此，高校要充分利用这一优势，更好地整合高校的学术资源和校外的社会资源、企业资源、实践资源，来更有效地组织创新创业教育教学工作，提高高校创新创业辅导的质量。

5. 加强创新创业导师专家库建设

建立稳定的职业化的创新创业师资专家库势在必行，应最大限度地吸纳各领域优秀人才为大学生创新创业服务。组建创新创业导师专家团队，发挥专家库的作用，一方面，为应用型本科院校大学生提供优质的创新创业教育和提高创新创业能力的咨询、专题讲座报告和项目指导服务；另一方面，对高校的师资进行培训和指导，提高高校教师的教育教学水平和项目指导能力。创新创业指导专家库的建设，一要稳固好现有专家资源，二要不断吸纳引进各行业的优秀人士，三要做好专家型创新创业导师的管理、评价和激励。

（三）建立创新创业教学督导委员会进行全过程的教学质量监控管理

创新创业师资队伍建设的首要目的，是要全面提升创新创业教育教学质

量，必须把质量管理和监控落实到创新创业教育教学的全过程，才能让教育教学的质量落实在每一个环节。

要进行全过程的教育教学质量监控管理，需要建立结构合理、层次分明、权责明确的专家型督导委员会。在人员的构成上，既要有教务处、学生工作部、招生就业处等相关部门的领导把握方向，又要有创新创业学科带头人、骨干教师和教研室相关教师共同参与；既要有校内课程专家，又要有校外优秀企业家、资深企业管理人士等创新创业实践专家。在分工上，委员会要合理分工，对管理职能权限进行分配，在宏观把控和具体操作方面也要有分配，把具体工作落实到人，才能发挥创新创业教学督导委员会团队的优势。

具体来说，创新创业教学督导委员会要在以下几个方面发挥作用。在遴选阶段，创新创业教学督导委员会要制定相关的师资选拔标准、选拔流程、评价标准，组织开展师资选拔和筛选，为创新创业教师队伍挑选能胜任的新任教师。在培养阶段，创新创业教学督导委员会可以通过选拔师资参加培训与学习、一对一帮带辅导等途径来培养教师。创新创业教学督导委员会也要在期初、期中、期末几个关键节点对教师的教案、课件和教学计划等进行检查。在听课督导方面，创新创业教学督导委员会要制订有针对性的听课计划，对骨干、新进教师制订出不同的听课计划，开展同行听课、督导听课工作，促进同行间学习交流，进行有针对性的指导。在交流研讨方面，创新创业教学督导委员会可以组织、参与研讨会，了解最新的教育教学动态和趋势，改进创新创业教育教学工作。在项目指导方面，创新创业教学督导委员会可以对教师指导学生创新创业项目的情况进行督导和了解。在实践教学方面，创新创业教学督导委员会要引领创新创业教师对创新创业项目孵化进行深入指导。在考核评价方面，创新创业教学督导委员会要制定创新创业教师的考核标准、考核方案，组织和实施考核评价，最重要的是要在考核后建立反馈机制，总结和分享先进经验，指导和带动在教学方面需要改进的教师。

（四）优化培训，加强培养，提高创新创业师资的教育教学水平

从教师层面来说，优化培训、加强培养是提高创新创业教育教学水平的必由之路。只有不断提高高校创新创业指导教师的理论素质和教育教学能力，才能促进大学生创新创业教育指导的水平。在这个方面，高等学校可以从多个方面做出努力。

第一，在学校现有师资中挑选骨干进行培养。创新创业教育教学队伍的教

师承担着繁重的教学任务，他们热爱创新创业工作，关注大学生的成长，具有扎实的学科知识和良好的教育教学技巧。这支队伍是学校创新创业教育的中坚力量，要重视和加强培养，可以鼓励他们参加培训班进行理论学习，还可以动员他们积极参加高水平的研讨会，鼓励他们到企业里进行实践锻炼，甚至参与创新创业实践。通过多元化的灵活有效的培训方式，较为系统地理论学习和实践锻炼，可以加快骨干教师前进的步伐，缩短骨干教师的成长周期。

第二，加强专业课教师在创新创业教育教学方面知识的培养。这对促进大学生创新创业教育向专业方面的纵深层次发展起到至关重要的作用。从专业课专任教师中选派优秀教师参加创新创业培训学习，有利于培养专业的创新创业教育师资队伍。专业课教师具备扎实过硬的专业课背景知识和专业技能，加之短期的创新创业教育培训，再加上骨干教师一对一的“帮带”指导，能较快地把专业教育和创新创业教育有机结合起来，教授创新创业课程。

第三，选派优秀创新创业教师参加国家级、省级、同行间的创新创业教育教学讲座和研讨会，搭建平台，促进创新创业教师在创新创业课程教学设计、教学模式、教学内容和方法上的学习，促进其教学能力的提高。通过教学研讨环节，可以开阔创新创业教育教师的视野，促进教学实践的创新，有效提升创新创业教育教学的效果。

第四，实行“骨干帮带新人”的培养制度。新任教的教师无论在创新创业课程的学科知识还是教学方法上，都存在一定的不足和欠缺，他们自己探索提升固然可行，但比较耗时，效果还不明显，因此，在新任教师入职时，安排一名骨干教师帮带新教师，显得尤为重要。新任教师可以向骨干教师学习课程设计、教学方法和案例、课件，还可以与骨干教师交流讨论，这对于新任教师的培养十分有效。

（五）多措并举，突破瓶颈，有效提高创新创业实践指导能力

创新创业教育本身依托于实践，具有很强的实践性，而目前高校教师的实践教学能力还有很大欠缺。因此，我们应着力提高创新创业教师的实践指导能力。

1. 校企合作，支持和鼓励教师参与企业的实践活动

校企合作，让更多的教师走出去参与企业的实践，是培养教师创新创业实践指导能力的有效途径。这主要有两个方面的原因：一是创新创业教育的综合性、包容度和实践性，决定了创新创业教育不能脱离企业界的参与和支持；二

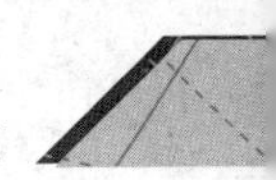

是由于高校创新创业教师工作阅历的单一性和创新创业经验匮乏，需要补上社会实践、企业管理这一课。高校要加强与企业的合作与交流，可以采取高校教师到企业挂职锻炼、参与企业项目、参加有企业家的交流沙龙活动等措施，也可以在不影响正常教学秩序的情况下，允许条件成熟的教师兼职或停职自主创新创业，以培养教师的创新创业实践教学能力。因此，支持和鼓励高校教师走出校门、走进企业、走进部门、参与项目，走向创新创业实践，与创新创业实践者交朋友，通过多种措施，把理论与实践紧密结合，积累创新创业实践经验，整合社会资源与教育资源，提高高校教师创新创业实践能力和指导能力。

2. 依托丰富的校园创新创业活动，锻炼和提高创新创业教师的实践指导能力

积极组织和参加创新创业教育大赛，鼓励教师对大学生所参加的创新创业教育大赛进行指导，也能很好地锻炼创新创业教师的实践指导能力。创新创业教师应该积极参与大学生大赛指导，在比赛过程中深入了解创新创业政策。在创新创业实际案例中有效锻炼创新创业指导能力，不断在具体创新创业案例中学习，提高自身的理论修养和创新创业指导能力。

组织和参与创新创业沙龙活动，也能使创新创业教师从中积累经验。创新创业沙龙是一种小团体辅导活动，参加沙龙的创新创业大学生围绕一个主题进行发言和自由讨论，参与沙龙的创新创业教师和企业家可以采用团体辅导和个别辅导相结合的方法，对大学生的发言和表现进行个性化的点评与辅导，有针对性地帮助大学生了解创新创业行业，从而更好地培养其创新创业意识，提高其创新创业能力，创新创业教师也能够从中积累经验、锻炼指导能力。

3. 开展创新创业实训，在教中学，促进教师实践教学的自我成长

开展创新创业实训，也能有效促进教师创新创业实践指导能力的提高。通过创新创业模拟和创新创业实操训练，可以创造和模拟企业情境，在训练中制定模拟公司的管理制度，按照真实的商业运作程序经营模拟公司。开展创新创业实训可以使教师和大学生参照企业的经营模式和管理经验，借鉴企业管理中的先进理念，在实际训练中逐步帮助大学生提高创新创业意识、创新创业精神和创新创业能力，增强他们参与市场竞争和驾驭市场的应变能力，降低创新创业风险，提高创新创业的成功率。在指导大学生的过程中，创新创业教师自己也体验了创新创业模拟训练情景，在教中学、在导中悟、在练中提升，是一种有效的师资成长模式。

（六）高度重视，有力保障，积极推进创新创业教育师资队伍建设

高校创新创业教育师资队伍的建设不仅涉及社会、企业、政府、高等学校等部门，也涉及学校相关职能部门、教学部门等，需要校内外众多单位和部门的密切配合。因此，省级主管部门和学校党委要高度重视、统一领导，建立各部门齐抓共管、密切配合的创新创业教育管理体制和工作机制，只有这样才能确保创新创业教育师资队伍建设的有效推动和顺利实施。

在制度上，要建立创新创业师资队伍的管理和激励制度，学校要高度重视创新创业教育师资队伍建设，并将其纳入应用型本科院校人才管理方案。高校可以结合本校实际情况，制定创新创业师资培训学习管理办法、创新创业教育师资的聘任和评价制度、创新创业教育师资的科研奖励制度、创新创业教师的职称评定相关政策、创新创业教育的经费使用及管理办法等。

同时，加大对创新创业教育师资队伍建设的投入，在资金、图书、设备、教学资源和实训基地等方面给予支持，为创新创业教师的成长提供有力保障。高校需要有“宽容、自由、创新、开拓”的精神文化引领，应该在高校校园内营造良好的创新创业教育环境和文化氛围。在这一方面，可以设计体现创新创业教育文化的活动方案，也可以建设海报、展板、电子屏、雕塑等物化文化，积极鼓励全员关注和参与创新创业教育，促进创新创业教育师资队伍不断成长。

（七）结合实际情况制定激励制度，明确奖励政策

良好的激励体制可切实提高教师工作的积极性。在整个高校中营造创新创业教育氛围，重点发挥教师的领导作用，在每个学期结束时，可以从这些教师中评选出优秀的教师，同时给以物质方面的奖励。除此之外，还可以通过设立教育奖励基金来鼓励教师全身心投入大学生创新思维培养以及创新能力提高上来，通过调动教师积极性以更好地影响大学生，不仅可以有效提高教师的整体创新素质，还有利于提高大学生的创新能力，为社会培养创新型人才。

四、大学生创新创业教育师资队伍建设的重要意义

随着社会各界和高校对大学生创新创业教育的重视和加大投入，教育的普及化进程不断加快，在此大背景下，加强创新创业教育师资队伍建设具有多方面的意义。

（一）有利于促进教师自身成长，提高教学水平

大学生创新创业教育包括理论和实践两个部分。作为该课程的实施者和管理者，教师能够在教学实践中提高理论水平，通过亲身参与创新创业实践活动，有利于把自己培养成“双师型”教师。通过参加创新创业培训，不断提高自身的职业技能，充分挖掘潜能，突破自我。通过参与合作交流活动，开阔视野、加强交流、促进合作、取长补短。因此，由优秀教师所组成的师资队伍，更有利于开展创新创业教育活动，从而提高教学水平和质量。

（二）有利于加强大学生教育，促进全面发展

高校的创新创业教育是培养新时代大学生全面成长成才的重要举措。开展创新创业教育将引导大学生走在时代前列，加强大学生创新创业教育师资队伍建设，提高创新创业教育水平和质量，有利于大学生创新精神和创业意识的培养，促进他们全面发展。教师对大学生的创新创业教育，不仅是课程知识的教学，还包括对其世界观、人生观和价值观的指导，引导大学生树立正确的择业观、就业观和创业观，将个人的成长和社会的发展、国家的进步有机结合，从而把自己锻炼成社会主义事业的建设者和接班人。

（三）有利于缓解就业压力，维护社会稳定

打造一支优秀的有战斗力、凝聚力和向心力的创新创业教育师资队伍，能够为大学生的创新创业提供科学的理论和实践指导。大学生创业成功，既能解决个人的就业问题，又能带动其他人就业，缓解社会的就业压力。大学生走上创新创业道路，在用青春和智慧实现自我价值的同时，也为经济社会发展贡献更多力量，实现了服务社会、奉献国家的初心。

第三节　大学生创业教育师资保障体系的构建

一、大学生创业教育师资的特点及要求

构建创业教育师资队伍，要从师资队伍应该具备的各种基本素质抓起，了解他们理应掌握的各项重点知识，把握他们拓展知识的个性魅力，从创业教育师资的特点与要求上衡量队伍人员，这样构建的队伍才能够满足实际需求，适

应创业教育各种政策的变化。

（一）创业理论知识是基本保障

创业教育教学的开展需要掌握专业理论的教师的引导，教师的理论知识越丰富，学生掌握知识、理解知识就越全面。为了满足大学生日益增长的创业知识需求，创业教育教师应该把创业教育理论作为研究对象。教师只有通过深层次的研究与探索，才能合理解答大学生对创业理论知识提出的各种问题。我国创业教育还处于发展的初级阶段，有些理论知识只是生搬硬套地采用国外的理论，创业教育基础理论研究尚未全面开展。高校教师要深入研究创业教育理论，为我国创业教育的发展做出自己应有的贡献。

（二）创业实践经验是现实需求

创业教育课程教学除了要求教师具备扎实的创业理论知识之外，还要求教师拥有丰富的创业实践经验。创业教育是一种以行动为导向的课程活动，教师是课程活动的指导者，他们所指导的内容应该包含大学生在教学过程中获取创业实践体验、积累创业经验、创新实践能力和科技成果转化能力。随着大学生创业激情的日益高涨，创业实践活动的频繁出现，教师的纸上谈兵功夫远远满足不了社会的现实需求，而创业中所面临的一系列问题就需要在这个过程中得以解决。另外，创业作为一项实践活动，与现实社会联系得非常紧密，创业课程中的知识可以很容易地体现在现实生活中。教师有无丰富的创业实践经验，直接影响到创业教育的教学效果。大学生的疑惑得不到解答，教师也就没有了以往对他们的绝对引导权。

（三）创业管理认识是前进动力

大多数创业教育教材都提及创业管理概念，凸显了管理企业的重要性与艰巨性。古语有云：“打江山易，守江山难。”同样，创立企业在现实社会中是相对比较简单的，但是如何让企业逐步壮大、平稳发展、日益创新，确实需要创办人花费巨大的精力、物力和财力。大学生是一群刚刚进入社会的热血青年，并不缺乏创业激情，但在经营管理中如何让企业立于不败之地却是他们面临的难题。创业教育教师应该从企业开创运营起，从企业的经营管理、财务管理、风险管理、投资管理等方面为大学生构建企业管理保障体系，从各个方面增强他们创业的自信心。

二、大学生创业教育师资的来源

（一）依托校内教师构建师资队伍

目前，大部分高校内部都有与创业教育联系紧密的相关教师，他们分别是已经创办企业的资深教师、管理类专业的部分教师、就业管理工作教师和优秀辅导员。从创业教育师资队伍的特点和要求来看，这些教师都有他们各自的优势。例如，已创办企业的教师所具有的创业实践经验和管理经验是完全可以与大学生进行分享的，就业管理教师对大学生创业相关政策非常熟悉，等等。既然他们各自拥有与创业教育相关的各项优势，高校在开展创业教育的过程中就应该抓住这些教师的特点，使他们在创业教育活动中发挥出应有的作用。当然，他们的这些优势还远远不能满足大学生创业教育的实际需要。因此，有必要选派这些教师参加创业培训，如 KAB 创业教育（中国）项目、师资培训项目、人力资源和社会保障部统一培训和认证的 SYB 课程项目等，并为这些教师提供到企业挂职锻炼的机会，培养教师的创业教育专业性，使他们具备专业创业教育教师的特质。

（二）依托校外成功人士充实师资队伍

前面已经提及，创业教育具有典型的实践性。在教学过程中，大学生普遍希望学校邀请校外成功人士或者企业家参与校内创业教育课堂授课。这些人士可以起到校内教师无法替代的作用，其对大学生带来的帮助也是相当惊人的。他们以自身的创业经历为落脚点，以企业运作中所面临的实际问题及其解决方法为案例，无疑可以成为大学生学习的最好书本。同时也会发现，由他们来授课的课堂，气氛非常活跃，大学生的积极性相当高，创业教育的教学效果也非常好。这些人士作为创业教育的师资，解决了大学生关于创业实践经验和创业管理认识的相关疑惑，作为高校创业教育师资队伍的有力补充，壮大了创业教育师资队伍。其实，这些人士的范围是非常广泛的，除了一些企业家之外，还包括金融界、投资界、法律界等与创办企业联系密切的有关领域的专家。浙江高校在这方面拥有得天独厚的优势。浙江是全国民营经济最活跃的地区之一，这片土地孕育出来的浙商，更是当今中国最大、最有影响力的商人群体。在 2005 年全国工商联公布的“中国民营企业 500 强”中，浙江企业超过四成，居全国各省首位，其中杭州入选 59 家，连续 4 年居全国城市之首。如此丰厚的企业家资源为浙江高校的创业教育师资队伍建设提供了优越的条件。

（三）依托校友群体完善师资队伍

高等学校校友群体是高校管理者可以考虑的又一重要的创业教育师资来源。对于一些成功的校友来说，虽然他们也是企业家或者其他成功人士，但与上文所提及的成功人士相比，校友在某种程度上对母校更有责任心和奉献精神。因为对于校友来说，母校的亲近感是无可替代的。因此，当被邀请到母校授课、演讲或是作报告时，他们内心深处是非常愉悦的，其在与大学生分享经验和交流得失的过程中为大学生提供的实践经验也是其他企业家无法超越的，可以说他们是倾囊相授的。除了分享这些成功经验，一些校友企业家往往会以设立奖学金、创业基金、就业岗位等形式来帮助师弟与师妹，薪火相传，回馈母校。校友群体的大小与学校的历史和规模有着很大的关系。我们可以做的就是，团结所有可以团结的校友，让他们参与学校的创业教育，使原本不富足的师资队伍更加完善。目前，中国计量学院开展了一系列校友访谈活动，很多活动都是围绕创业创新这个主题而展开的。对于每次访谈，学校领导都非常重视，参与的大学生也是座无虚席，取得了很好的成效。

三、高校创新创业教育师资的保障

在开放办学的新时代，随着国家扩招政策的实施、招生制度的改革、生源日趋多元化，如何保证人才培养质量是应用型高校面临的首要挑战。可见，应用型高校应以培养大学生实践能力和创新创业能力为中心，以培养应用型技术技能人才为目标。

师资队伍建设作为人才培养质量保障的根本，同样需要适应办学环境之变。当前，教师创新精神不足和创新创业教育经验不足是影响应用型高校创新创业教育发展的主要因素，如何科学有效地提高教师创新创业教育水平是值得深思和亟待解决的课题。深化创新创业教育改革，需要统一思想、达成共识，调动教师的积极性和主动性。百年大计，教育为本；教育大计，教师为本。促进应用型高校创新创业教育发展的关键，就是打造一支既懂理论又具备创业实践经验的专兼职相结合的师资队伍。加强创新创业教育师资队伍建设需要联合校内外各方力量，整合应用型高校校内外资源，结合教育规律和学生成长规律，多措并举，多管齐下。

（一）政府要为创新创业教育提供政策和资金支持

当前，国家为大力支持高校创新创业教育推出了一系列的改革举措，但宏

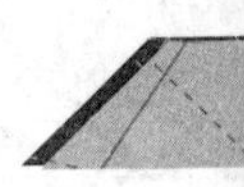

观层面的指导意见多，微观层面的具体执行细则少，以及缺乏有效的监督机制，导致政策落实大打折扣。基于此，政府要进一步完善应用型高校创新创业教育师资队伍建设资金支持和政策保障体系。

第一，各地要整合财政和社会资金，支持应用型高校创新创业教育师资队伍建设。一是政府加大对师资队伍建设的投入力度，统筹协调财政、科技、人社等部门，整合现有专项资金向高校创新创业教育倾斜，提高教师创新创业教育教学能力。二是鼓励社会组织、公益团体、企事业单位和个人设立师资队伍建设专项基金，如教师资助项目和青年教师基金，以多种形式向高校创新创业教育师资队伍建设提供资金支持，并做到专款专用，提高资金使用效率。

第二，政府要完善应用型高校创新创业教育师资队伍建设政策措施，促进创新创业教育教师专业化发展。例如，"加大政府统筹。依托职教园区、职教集团、产教融合型企业等建立校企人员双向交流协作共同体"[①]，鼓励创新创业教育教师与产业界技术人才双向流动。

第三，政府要为应用型高校创新创业教育师资队伍建设提供制度保障。政府必须直面创新创业教育师资队伍建设的现实困境，创新体制机制，协调各方利益，统筹各方资源，构建促进高校创新创业教育师资队伍建设的新制度。

（二）引导创新创业教育教师树立正确的教育理念

第一，创新创业教育教师要认识到创新创业教育的重大意义。在高校开展创新创业教育，其目标是培养具有创造力的人才。创新创业教育并非精英化教育，而是面向全体大学生的通识教育。应用型高校创新创业教育要面向全体大学生，贯穿人才培养全过程，培养全体大学生的创新创业能力。因此，教师要转变教育理念，着力将创新创业教育融入人才培养全过程。

第二，创新创业教育教师要了解大学生所学的专业知识，在创新创业教育讲授过程中贴近大学生的专业背景。创新创业教育只有与专业教育相融合，才能促进创新创业教育专业化、学科化发展，才能实现对大学生创新思维和实践能力的培养，同时专业教育也才能实现理论与实践相结合，实现学以致用、学有所用，使大学生真正将专业所学应用到将来的职业发展之中。创新创业教育教师在授课过程中要贴近大学生的专业背景，切合他们的认知和接受习惯，实现创新创业教育与专业教育相互影响、紧密依存，从而培养他们的创业能力和

① 韩晓强．创业教育师资队伍构建现状与改革思考[J]．教育与职业，2017（21）：97-100.

专业技能。例如，在机械电子工程专业的“机电一体化系统设计”课程教学中，教师可以设计一堂创业课，将创业相关知识渗透其中，引导大学生从创业者的角度思考身为创业者需要掌握哪些机电一体化知识、了解哪些国家政策和法律法规，从而生产出新颖、受欢迎的机电产品。这样既可以提高大学生的学习兴趣，也会使他们初步了解到作为一名创业者需要具备的基本专业素质。只有立足于专业谈创业，才能真正调动大学生的学习热情与创业激情，将创业有形化、具体化，从而培养大学生脚踏实地的专业精神，从专业汲取“营养”，化专业为专长。

（三）加强创新创业教育教师培训

应用型高校创新创业教育在教学中应注重培养大学生的创新意识、创新思维和实践能力，并充分利用好各方资源，协调好各方关系，这对教师提出了较高要求。创新创业教育教师可谓“任重而道远”，加强学习、提高能力迫在眉睫。应用型高校要做到让创新创业教育教师先培训后上岗，制定创新创业教育师资队伍发展目标和发展规划，建立科学合理的创新创业教育教师培训体系，促进创新创业教育教师专业成长。

第一，应用型高校应为创新创业教育教师提供学习培训的机会，鼓励和支持其学习先进的创新创业教育理念、方式方法等。同时，开发系列分类培训课程，对新入职教师、中老年教师、行政教辅管理人员采取分层次、分类别教育，做到有目的性、有计划性。例如，实施“青年教师培养”计划，帮助新入职教师制定职业生涯规划，树立近期目标和长期目标，实施全过程的人才培养与发展跟踪，促进其专业成长。此外，对创新创业教育教师的培养应强调对工作坊、高峰体验课程和沙盘演练等实操性强的方法的运用，以提高教师的实践教学能力，实现对大学生创新创业过程的有效指导。

第二，在“互联网 +”时代，我们要享受互联网带来的便利，充分利用信息化技术推进师资队伍建设。应用型高校应运用先进技术建立网络培训系统，为教师自主学习提供平台，形成线上线下深度融合的创新创业教育教师培训体系；创建创新创业教育网络课程平台，为教师提供多样化的、丰富的优质课程资源；鼓励教师使用手机、平板电脑等移动互联网设备，随时随地利用碎片化时间进行学习。

第三，应用型高校应让创新创业教育教师深入企业挂职锻炼，和企业开展项目合作。要提高学校创新创业教育水平，关键是拥有大量的有实际创新创业

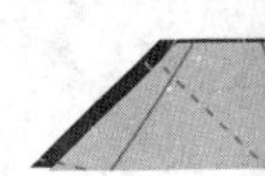

经验的教师。一是新入职的创新创业教育教师必须接受半年职业实践培训才能正式上岗；二是落实好创新创业教育教师每两年不少于两个月时间到行业企业挂职锻炼的制度，促使教师掌握行业的前沿知识和新技术、新工艺，跟上产业发展步伐，提高实践教学能力；三是建立创业导师制度，在全面了解行业企业需求和发展状况的基础上，给予大学生针对性的发展建议，并采用严格的选拔制度，让学校创新创业教育教师深入行业企业率先实践，培养内部导师，也可以与行业企业进行合作，引进外部导师。

（四）完善创新创业教育教师考核激励机制

第一，建立科学的创新创业教育教师评价体系和激励制度。要科学、全面地评价创新创业教育教师，提高教师从事创新创业教育理论与实践研究的主动性和积极性，从而为应用型高校创新创业教育持续健康发展提供智力支持和人才支撑。为此，应用型高校应健全激励机制，营造良好的教学环境和工作氛围，激励教师优化教学行为。首先，科学规划教师职业生涯发展，让教师把主要精力投入工作中，刻苦钻研、勤于思索，专注于创新创业教育教学，提高创新创业教学能力。其次，建立科学的岗位职责和管理制度，完善培训体系，让教师学习先进的创业教育理论知识，提升实践技能，从而提高创新创业教育教师的整体素质。最后，建立健全考核机制，完善创新创业教育教师薪酬及福利管理制度、教学质量考核办法、教师下企业实践管理办法等，使教师的绩效工资、年终考核、职称评定和晋升等都与创新创业教育工作直接挂钩，从而提高教师的工作积极性。通过以业绩为导向的职称评聘、岗位聘任、岗位考核三项标准建设，实施教师分类聘任和分类考核，建立人岗相适、人尽其才的活力机制。此外，在学校教学成果奖、优秀教学奖、教学名师奖等教学奖励中，对于积极开展创新创业教育教学改革的教师，要予以优先推荐，要把制度落到实处，突出奖惩原则，避免绩效管理中的“大锅饭”现象。尤其要通过政策加大对创新创业教学与研究成果的扶持力度，并严厉惩罚不利于创新创业教育的教学行为。应用型高校的奖励行为应因事、因时、因境、因人而异，根据不同教师给以不同的物质激励，如职称晋升、培训、科研与教学资助等。同时，应用型高校在激励创新创业教育教师不断改革教学的进程中，应重视教师信息反馈，根据教师的意见和建议适时调整奖惩措施。总之，应用型高校要营造良好的工作环境，形成有序竞争的局面，从而提高教师工作效率，激励教师不断前进，为创新创业教育高质量发展提供持久动力。

第二，制定鼓励和支持创新创业教育教师挂职锻炼和停薪留职的工作机制。应用型高校要鼓励教师以学校为依靠、以实验室为平台，有目的性、有针对性地开展创新创业活动；实施停薪留职政策，鼓励创新创业教育教师开公司创业，积累一定的创新创业实践经验后再返回学校。

（五）构建来源广泛的兼职教师队伍

校企合作是政府、企业、学校共同推动国家经济发展的重要桥梁，我们应充分发挥校企合作在创新创业教育方面的作用，建立成熟的校企合作模式，校企共同打造创新创业教育师资团队，构建专兼结合的导师队伍。可见，在创新创业教育中，兼职教师的作用不可忽视。兼职教师应参与应用型高校人才培养全过程，与专职教师共同制定人才培养方案，共同论证专业建设方案和课程建设方案。应用型高校应借助校企合作的平台，聘请行业企业能工巧匠、名家大师来校授课或举办讲座，引入企业创新创业的成功案例，帮助大学生了解创新创业的方向和市场需求；邀请优秀企业家作为兼职教师讲授创业实践内容与实战案例，使大学生了解创业实践中可能遇到的各种问题以及解决问题的方式方法，并推行“结对”制度，使大学生近距离接触企业家，从而充分发挥先进典型的示范作用，提高大学生的创新创业热情。此外，还可以聘请优秀创业校友担任兼职教师和演讲嘉宾，介绍自己的实际经历和创业经验，充分发挥朋辈教育优势，为大学生提供创新创业的思路，让创新创业教育更加深入人心。这是因为，朋辈关系对个人的影响甚至可以超过教师和长辈，优秀创业校友拥有丰富的人脉资源，可以为大学生提供创业指导意见或分享最新市场动态，帮助大学生完善创业想法、拓展创业人脉，从而对大学生创业起到辅助作用。总之，应用型高校不仅要聘请创新创业教育兼职教师，还要发挥兼职教师的中介作用，注重以兼职教师的榜样宣传来引导学校领导者、教师和大学生对创新创业教育的正确认知，从而营造良好的创新创业教育环境。

创新创业教育是社会主义教育事业的核心，是学校的立命之本。应用型高校必须重视创新创业教育，紧紧围绕“培养什么样的人、怎样培养人、为谁培养人”这一根本问题，紧扣时代发展主题，把创新创业教育贯穿于大学生培养的全过程。教师是教育的第一资源，高质量的教育来源于高质量的教师队伍。应用型高校创新创业教育是一项复杂的系统工程，而教师的数量和质量、知识能力水平以及实践经验是此系统的核心要素，应用型高校要打造一支政治坚定、业务过硬的创新创业教育师资队伍，为创新创业教育提供有力支撑。

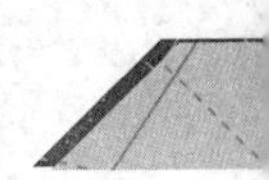

四、大学生创业教育师资的评价体系

高校的教师评价制度已经非常完善，但是专门针对创业教育教师的评价体系还不多见。为了提高创业教育教师的工作效率和积极性，建立合理且完整的教师评价体系和激励机制是非常必要的。当然，高校如果专门为了创业教育而独立开展一项教师评价活动，势必要浪费高校很多资源，各种程序也是重复操作。创业教育教师评价与其他教学教师评价有很多相似的地方，同时也有一些不同的方面。针对那些相似的地方，高校为了减少资源和降低重复性，可以沿用其他科目教师的评价方式进行操作。关键是如何处理那些不同的评价方面。在讨论之前，有必要先阐述一下这方面的背景。高校大学生的就业率一直以来都是教育部门考查高校教学水平的一项重要指标，而高校也不可能会因鼓励大学生就业而降低这项指标。这就导致学校对有关创业教育和创业教育教师的投入非常有限，很多教师不愿意也不想参与创业教育。为改变这种局面，高校既要加强创业教育的宣传和实施工作，又要加大对创业教育的投入。只有让参与的教师获得更多的利益，才能吸引更多的优秀教师为创业教育付出；而只有对这些教师的劳动做出合理的评价和制定完善的激励机制，才能从根本上解决创业教育目前在高校不尽如人意的现状。创业教育教师评价的不同地方在于对大学生实践水平的检验和现实的反馈，这部分评价可能战线拉得比较长，需要教师的努力与守候。

总之，大学生创业教育师资的评价体系是一项复杂的工程，作为师资队伍保障体系构建的一项内容，需要高校管理人员在紧抓创业教育的同时，深入把握评价体系的各项内容和指标，公平公正，让高校的大学生创业教育焕发出勃勃生机。

第六章　大学生社会主义核心价值观培育

第一节　大学生核心价值观培育的目标

一、用社会主义核心价值观引领高校多元思潮

高等学校作为人才培养的重要阵地和社会主义核心价值观学习、宣传和教育的重要场所，在建设社会主义核心价值观、构建社会主义和谐社会和培养中国特色社会主义接班人等方面都具有重要作用。在高校中引领社会思潮和多元文化的发展，帮助大学生牢固树立社会主义核心价值观，是当前高校社会主义核心价值观教育的重要目标。

多元化的社会实践基础，必然产生多元化的社会意识。目前，随着改革的逐步深入和全球化进程的日益加快，我国社会正处于矛盾凸显期，社会思想文化领域中各种社会思潮异常活跃，也呈现出多样化的趋势。我国正处在一个思想大活跃、观念大碰撞、文化大交融的时代，正确思想和错误思想、主流意识形态和非主流意识形态相互交织。在其影响下，社会思想文化领域存在着各种各样的社会思潮，形形色色、性质不一，相互激荡。这些思想潮流的不断产生和涌入，冲击、影响着社会的各个群体、各个角落。当然，作为文化传播重要场所的高等学校亦不能幸免，高校正成为众多思潮争相占领的一块战略重地。诸多思潮的传播和蔓延，冲击和侵蚀着高校大学生的政治思想和价值观念，给大学生思想政治教育工作带来严峻挑战。高校大学生可以说是各种社会思潮和文化的最早接触者和传播者，亦是最易受影响和受影响最深的群体之一；况

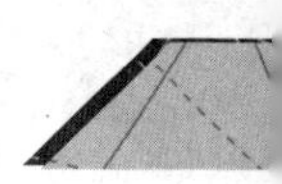

且，大学生正处于人生观、价值观和世界观的形成时期，其本身的识别力和鉴别力不高，多元化社会思潮的传播和发展，必将给大学生理想信念的确立和价值观的形成带来不良影响。这从根本上影响着我国大学生的思想观念和道德素质，决定着我们能不能培养和造就出社会主义合格的建设者和可靠的接班人，更决定着社会主义基本制度能否在中国经久不衰，社会主义事业能否兴旺发达。

因此，高校大学生社会主义核心价值观教育的重要目标之一就是用社会主义核心价值观积极引领各种社会思潮，让大学生科学地区分、辨别并有效抵制错误思潮的消极影响。我们必须坚持以社会主义核心价值观引领高校校园文化和社会思潮，尊重差异，包容多样，最大限度地形成大学生的思想共识。一方面，通过积极开展社会主义核心价值观的学习、教育活动，充分发挥社会主义核心价值观对高校多样化校园文化、价值观念和社会思潮的主导性引领作用，在校园中进一步巩固和发展社会主义意识形态，引导大学生牢固树立科学的价值观。另一方面，必须坚持用社会主义核心价值观引领多样化的思想观念和社会思潮，在尊重差异中扩大社会认同，在包容多样中增进思想共识。在当今社会变革和社会转型时期，我国大学生思想观念的差异和文化思潮的多样性是社会历史发展进程中的必然现象，我们必须立足于改革开放的实践，以社会主义核心价值观引领校园文化思潮。在互联网高度普及，全球化深入发展，世界成为“地球村”的今天，各种思想理论的传播势不可当，“可能的只是以辩证的思维、现代的理念、开放的心态与胸怀包容异质意识形态的存在，做到在包容中批判，在斗争中提高鉴别力和免疫力”①。只有尊重差异、包容多样，才能有效引领高校校园文化思潮。同时，也要密切结合大学生的思想实际，在社会主义核心价值观教育中因势利导、因材施教，在尊重大学生个体差异中增强他们的自我认同感，积极引导高校校园文化思潮，为高校大学生的健康成长营造良好的校园文化环境。

二、促成大学生对社会主义核心价值观的心理认同和价值共识

当今中国正处于社会转型时期，现实生活中多种社会思潮并存，各种社会文化同在，思想观念多样，道德体系庞杂，价值目标多元。高等学校的价值领

① 李前进．我国大学生社会主义核心价值体系教育研究[M].上海：上海三联书店，2014：223.

域中也相应地出现了一些不容忽视的问题。一些大学生面对现存的“价值多样”而无所适从，甚至出现了“价值真空”状态。价值真空、价值多样、价值错位和价值悬置综合起来，又导致了“价值虚无的状况”。在这种情况下，必须用社会主义核心价值观来引领大学生的思想，指明大学生的发展方向。我们要通过开展大学生社会主义核心价值观宣传和教育工作，在思想上提高大学生对社会主义核心价值观的认识和理解，真正达成他们对社会主义核心价值观的心理认同和思想共识。

由于高校大学生具有很强的可塑性以及他们勤于思考，也决定了社会主义核心价值观能够被他们认同。因此，我们要通过对大学生社会主义核心价值观的宣传、教育和学习，从而使社会主义核心价值观内化为大学生的理性意识，外化为他们的自觉行动，成为大学生自觉遵守的道德规范，成为评价大学生思想文化的价值标准。

在高校大学生社会主义核心价值观教育中，一要尊重大学生的个性差异和价值选择，以主导的价值观念来积极引导他们树立正确的价值观；二要教育和引导大学生澄清模糊价值取向，培养和提高大学生的辨别力、判断力、选择力和批判力，使其通过比较，不断趋近主流价值观；三要教育他们旗帜鲜明地抵制和反对腐朽价值和文化。积极拓展教育思路，增强高校社会主义核心价值观教育的有效性，使大学生在了解的基础上增进认识，在比较中受到启发，在认同中养成自觉性。

三、培育和践行社会主义核心价值观，培养中国特色社会主义建设的合格人才

社会主义核心价值观是社会主义意识形态的本质体现，它是社会主义制度的内在精神和鲜明旗帜。对大学生进行社会主义核心价值观的教育和引导，是对“培养什么人、如何培养人”这个教育工作根本问题的时代应答和历史使命。高校大学生具有年轻易于接受新鲜事物、教育可塑性强和价值观不稳定的特点，正处于价值观没有形成，人生观、世界观还没确立的关键阶段，对大学生来说，抓好这一时期的价值观养成非常重要。“这就像穿衣服扣扣子一样，如果第一粒扣子扣错了，剩余的扣子都会扣错。人生的扣子从一开始就要扣好。”[①] 因此，高校开展大学生社会主义核心价值观教育的重要目标和任务就是

① 杨名．多学科视角与共青团工作[M].北京：中国青年出版社，2016：42.

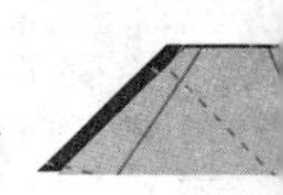

通过教育来培育其坚定的马克思主义信仰和牢固树立中国特色社会主义理想信念，进一步培育和践行社会主义核心价值观，促进大学生健康成长，培养中国特色社会主义建设的合格人才。

当代大学生是青年中的优秀分子，他们是党和国家的未来，是中华民族的希望。他们身上肩负着实现中华民族伟大复兴的历史使命。中国特色社会主义事业要靠今天的大学生去继承，祖国和民族的未来要靠今天的大学生去开创。因此，要使广大高校大学生成长为中国特色社会主义事业的合格建设者和可靠接班人，不仅要大力提高他们的科学文化素质，还要大力提高他们的思想政治和道德素质。只有培养和造就千百万具有高尚思想品质和良好道德修养，并且掌握现代化建设所需要的丰富知识和扎实本领的建设者和接班人，才能确保中国特色社会主义事业后继有人，才能确保党和国家的长治久安。

高等学校作为大学生成长成才的重要场所和意识形态教育的主要阵地，在新的形势下必须按照“高校教育，育人为本；德智体美，德育为先”的教育原则，加强社会主义核心价值观对大学生的教育和引导。其教育的重要目标就是通过对广大学生进行社会主义核心价值观的教育，让他们树立科学的世界观、人生观和价值观，从而进一步提高思想政治素质，促进大学生健康成长、科学发展，把他们培养成为中国特色社会主义事业的合格建设者和可靠接班人。

第二节　大学生核心价值观培育的内容

一、大学生核心价值观培育的内容

社会主义核心价值观主要回答了建设一个什么样的国家、构建一个什么样的社会、培养什么样的现代公民的问题，从国家、社会和公民三个层面阐释了社会主义的价值理想和价值追求，而国家、社会、公民三个层面的内容应该成为新时代大学生社会主义核心价值观培育的核心内容。在国家层面上，加强政治、经济、文化、社会、生态教育，提高公民的政治素养、增强国家认同；在社会层面上，现代社会的培育需要公民的积极参与，因此培养公民参与意识，提高公民参与技能，使社会成员能够积极主动地参与到社会生活中去；在公民层面上，加强公民道德教育、法治教育和思想教育，培养担当民族复兴大任的时代新人是其根本价值。

（一）国家层面：建设现代化强国，增强国家认同

发展中国特色社会主义，建设社会主义现代化国家所要达到的是这样一种状态：国家层面的价值取向“富强、民主、文明、和谐”与国家各层面的发展协调推进，即经济上实现富强、政治上实现民主、文化上实现文明、社会上实现和谐、生态上实现人与自然和谐共生。为了实现这样的发展目标，我们提出了建设中国特色社会主义“五位一体”总布局的发展思路，使经济建设、政治建设、文化建设、社会建设、生态建设协调发展。国家的发展理念和价值取向反映了广大人民的愿望和要求，符合人民的根本利益，而同时也需要人民的实践才能够真正实现。想要让人民从根本上理解、认同国家的价值取向，就要把它上升到社会主义核心价值观的高度并加以宣传和实践。而这种培养和宣传的目的是提升社会成员的政治素养，实现广大人民对国家发展状态和价值取向的认同，在认同的同时，积极参与到国家建设中来，并为实现社会主义核心价值观阐述的理想状态去实践、去努力，因此，富强、民主、文明、和谐、美丽的现代化强国教育是大学生社会主义核心价值观培养的第一个层面的重要内容。

1. 富强是“五位一体”总体布局中“经济”上的目标和追求

经济上富强是现代化强国建设的经济基础，是社会主义国家建设的物质基础。经济上富强仍然是我们的首要追求目标。

富强是建设中国特色社会主义的现实基础和首要目标，是社会主义核心价值观的应有之义。在大学生社会主义核心价值观培育中应加强强国教育，培养大学生对强国实现的自信心和自豪感。

2. 民主是“五位一体”总体布局中“政治”上的目标和追求

现代化强国将拥有高度的政治文明，即形成既有集中又有民主、既有纪律又有自由、既有统一意志又有个人心情舒畅、既有依法治国又有以德治国的良好局面。因此，民主成为中国特色社会主义政治建设的目标追求，也是社会主义核心价值观政治上的价值诉求。

在大学生社会主义核心价值观培育中，培养新时代大学生的制度自信和道路自信，政治民主或者民主政治是重要内容。因此，政治民主或民主政治的教育是新时代大学生社会主义核心价值观培育的重要一环。

3. 文明是社会表现出较高发展阶段的状态

从广义上讲，文明包含着社会发展的方方面面，有物质文明、政治文明、

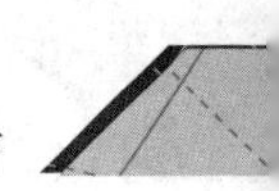

精神文明、文化文明、社会文明、生态文明等，而从社会主义核心价值观“文明”的角度来看，文明仅指狭义的文化文明，即文化上的大发展、大繁荣状态，文化文明建立在物质文明的基础上，并伴随着政治文明和社会文明的大发展。我国发展社会主义文化文明、建设社会主义文化强国有着深厚的历史渊源，有五千多年优秀的中华传统文化、丰富多样的革命文化和社会主义先进文化作为基础，这是中华民族文化自信的源泉所在。

在大学生社会主义核心价值观培育中，对青年大学生的文化自信和文化强国的教育尤为重要。青年是民族的未来，文化是民族的精神根基，民族的未来不能没有青年，对青年的培育不能没有文化的熏陶和价值观的引导，加强对青年大学生文化强国教育，培养高度文化素养的国民、发达的文化产业和强大的文化软实力，以中华优秀传统文化、革命文化和社会主义先进文化为基础，增强文化自信。

4. 社会和谐是人类社会最终的价值诉求

在大学生社会主义核心价值观培育中，明确社会和谐是中国特色社会主义的本质属性和重要要求，但在社会本质和谐的基础上也存在着一些不和谐的因素，如经济建设与国防建设发展不协调、群体性事件时有发生、生态与经济发展不协调、区域发展不协调等。在中国特色社会主义建设中，解决社会中的不和谐问题，把不和谐转化为和谐，构建社会主义和谐社会。

（二）社会层面：建设现代社会，增强法治意识

自由、平等、公正、法治是基于社会层面提出的社会主义核心价值，是社会层面的价值取向，是全体社会成员应该遵循和认同的价值规范，而自由、平等、公正、法治的现代社会教育是大学生社会主义核心价值观培养的第二个层面的重要内容。

在大学生社会主义核心价值观培育中，自由是其中的重要内容。教育让青年大学生懂得自由是人类共同的价值追求，人类追求自由，就像享受阳光、呼吸空气一样重要，是与生俱来的，但自由又是相对的，并不是绝对的，没有无限制的自由，也没有无所顾忌的自由，卢梭的话“人生而自由，却又无往不在枷锁之中”就有这样的含义，自由的实现需要规则的制约和法律的保障。

平等是社会主义核心价值观社会层面的重要内容，也是中国特色社会主义的重要价值追求。在社会主义社会或共产主义社会，实现了生产资料的公有制，人平等地占有生产资料，经济上的平等决定了其他层面的平等，只有在社

会主义社会和共产主义社会，人与人之间在政治、经济、社会和法律上才能实现真正的平等。因此，平等是社会主义的本质原则，也是社会主义核心价值观的重要追求。

在大学生社会主义核心价值观培育中，独立的人格、平等的意识是其中的重要内容，也是现代社会不可或缺的要求。从横向上看，平等包括经济平等、政治平等、文化平等和人格平等；从纵向上看，平等包括起点平等、过程平等和结果平等。不管从哪个维度上看，平等都是其核心，也是当今社会最基本的价值追求。

公正是中国特色社会主义的内在要求，实现公平正义是我们党的一贯主张。公正是捍卫权利的天平，是衡量社会发展程度的价值标准。社会主义国家通过制度设计和法律保障，实现了最大多数人的公平正义，包括形式公正和内容公正、程序公正和实体公正、过程公正和结果公正，社会主义国家以广大人民群众的根本利益为出发点，满足人民的需求，实现人民群众的愿望。

公平正义是一种思维方式和价值理念，在大学生社会主义核心价值观培育中，实现社会的公平正义是其中的重要内容。实现社会公平正义是中国特色社会主义的内在要求，同时又是整个社会共同追求的价值取向。青年大学生作为担当起民族复兴大任的时代新人，是社会公平正义的实现者和引导者，对青年大学生的公平正义教育尤为重要。

法治是治国理政的基本方式，是现代政治文明的核心。在大学生社会主义核心价值观培育中，通过法治教育使全社会形成崇尚宪法、尊重法治权威的氛围是社会主义核心价值观教育努力追求的。法治社会的构建与法治氛围的形成，不仅需要完备的法律规范体系，还需要通过法治教育使全体社会成员树立民主法治意识。只有树立社会主义法治理念，树立法律信仰，培养对法律的感情，培养社会主义法治思维方式，才能真正实现依法治国。

（三）公民层面：优化思想教育，培养时代新人

社会主义核心价值观对公民在道德层面的价值要求是爱国、敬业、诚信、友善，涵盖了社会公德、职业道德、家庭美德和个人品德。对于大学生社会主义核心价值观培育的核心内容来讲，爱国、敬业、诚信、友善是国家和社会对大学生时代新人的道德期待和道德要求，通过加强大学生社会主义核心价值观教育，来优化大学生思想意识，培养时代新人。

1. 爱国是民族精神的核心，是中国精神的重要内容

在当代，我们形成了以爱国主义为核心的民族精神，爱国主义是中华民族生生不息的精神基因，是历代中国人民孜孜不倦的追求，“位卑未敢忘忧国”“愿得此身长报国，何须生入玉门关”“捐躯赴国难，视死忽如归”“国土不可断送，人民不可低头”等表达了对祖国深沉的爱。爱国，是人世间最深沉、最持久的情感，它表现为对祖国心理上的依恋、情感上的依附和行为上的归宿，是一种源自心底深处的自发的感觉。文天祥宁死不屈，陈天华遥寄血书，吴玉章为维护国家尊严誓死力争，杨靖宇献身抗日，钱学森冒着生命危险回国为火箭导弹和航天事业发展做出了突出贡献……他们不顾自身安危，随时为国家和民族牺牲自己。爱国主义除了是一种情感外，还是一种理性原则，是调节个人与祖国之间关系的道德要求、政治原则和法律规范。从道德要求的角度来讲，爱国是社会主义核心价值观公民层面的首要要求，同时也是社会主义核心价值体系的重要内容。从政治原则的角度讲，爱国主义是一种政治要求和政治原则。爱国是对中华人民共和国公民最基本的要求。从法律规范看，公民有维护国家统一和全国各民族团结的义务，有维护祖国的安全、荣誉和利益的义务，不得有危害祖国的安全、荣誉和利益的行为。保卫祖国、抵抗侵略是每一个公民的神圣职责。爱国主义是中华民族精神的核心；爱国主义自古以来就流淌在中华民族血脉之中，去不掉，打不破，灭不了；对每一个中国人来说，爱国是本分，也是职责，是心之所系，情之所归；等等。

在对大学生社会主义核心价值观的培育中，公民层面首要的价值引导是爱国，爱国是青年大学生作为担当民族复兴大任的时代新人的必要资格和前提条件，具体是对国家制度、意识形态、价值观念、法律体系的合理性认同。对于处在和平与发展时代的青年大学生来讲，我们不必像革命先辈一样，走上街头大喊爱国与进步的政治口号，它可以体现在日常生活的每个细节中。爱国是一种情感，是一种信念，也可以是一种态度，不同的时代、不同的主题下，爱国有着不一样的表现和内容。

2. 敬业是职业道德的灵魂和核心

敬业是对从业者最基本、最核心的要求，是社会主义核心价值观对公民在职业行为上的价值评价和期待，也是对新时代劳动者的基本道德要求。对于个体劳动者来说，敬业精神是实现个人价值和社会价值的重要途径。而对于国家来讲，在全社会倡导敬业精神和工匠精神，有利于形成尊重劳动、热爱劳动、

勤勉努力的良好社会风尚，有利于中华民族伟大复兴的中国梦由理想变为现实，有利于全面建成社会主义现代化强国。

广大企业职工要增强新时代工人阶级的自豪感和使命感，爱岗敬业、拼搏奉献，大力弘扬劳模精神和工匠精神，在为实现中国梦的奋斗中争取人人出彩。建设知识型、技能型、创新型劳动大军，弘扬劳模精神和工匠精神，营造劳动光荣的社会风尚和精益求精的敬业风气。青年大学生作为即将步入社会工作的群体，是未来社会的主体性力量，是实现中华民族伟大复兴的现实性力量，敬业精神教育尤为重要。在对大学生敬业教育的宣传和培育中使全社会形成敬业的良好社会风尚，使社会成员能够把自己从事的职业作为实现人生价值的途径和目标追求。

3. 诚信作为中华民族的传统美德，既是做人的道德底线，也是社会运行的重要规则

在社会主义市场经济条件下，诚实守信是最基本的道德要求，它要求社会主义的劳动者和从业者在职业活动中诚实劳动、合法经营、信守承诺、讲求信誉。第一，诚实守信是人与人交往的原则，无论是友情、亲情还是爱情，诚实守信是基础，人与人之间只要坦诚相待，没有欺骗和欺诈，交往成本就会降低，人际关系就会变得简单，人的幸福感和安全感就会提升。第二，对于社会而言，改革开放之后，我国开始大力发展商品经济和市场经济，社会主义市场经济的运行需要法律的制约，更需要道德的约束，只有把法律的“硬手腕”和道德的“软手腕”充分结合，才能使国家和社会在正常轨道上运行，而对于道德而言，诚实守信是根本，完善的诚信制度和信用体系是保障，因此需要把诚信放到社会主义核心价值观的高度加以弘扬和宣传，使诚实守信成为全社会共同的价值追求和行为准则，从而营造良好的诚信氛围，促进社会信用体系的形成。对大学生社会主义核心价值观的培育来讲，诚信既是职业道德，也是个人品德，更是中华民族传统美德的重要内容。

4. 友善是中华民族传统美德，即友善地对待他人、他物

社会主义核心价值观个人层面的友善反映了人与人、人与社会、人与自然之间的良好状态和价值追求。人是社会的人，生存在群体当中，不能脱离他人而孤立存在，在个体成员的成长和发展过程中，不可避免地会与父母亲属、同辈群体以及其他人发生着这样或那样的联系，对个体成员的思想观念、价值取向和生活方式产生了重要的影响。马克思认为，人是最名副其实的政治动物，

不仅是一种群居的动物，还是一种只有在社会中才能独立的动物，社会是个体成员生存和发展的基础，个人和社会既是对立统一的又是不可分离的，个人需要的满足和权利的行使都要通过社会实践活动才能实现，而且受到社会物质和精神文化发展水平的影响。同时，只有个人承担起应尽的责任，并做出一定的贡献，社会物质财富和精神财富才能不断增加，从而推动社会不断进步。人来源于自然同时又依存于自然，人的实践活动和成长发展都是以自然的存在和发展为前提条件的，只有尊重自然、顺应自然、保护自然，才能实现人自身与环境的可持续发展。总之，在人们的现实生活中，社会主义核心价值观个人层面的友善应该具体体现为善待他人、善待社会、实现人与自然的和谐相处。

首先，善待他人是友善的重要内容。人与人交往的原则不仅局限于情谊，而更多的是基于法律的契约关系，在这样的社会中，人际关系处理变得异常突出和重要。友善作为缓解人际冲突的润滑剂，在人际关系处理、社会矛盾消除、社会秩序构建和稳定方面起着重要的作用。把友善作为社会主义核心价值观的内容，善待他人是其中的核心。其次，善待社会是友善深层次的内容。善待社会即实现个人与社会的和谐发展，人是社会中的人，人的发展离不开社会，个体价值的实现离不开社会价值，人只有顺应社会的发展方向和发展要求才能实现自身的价值。对于社会而言，只有保障个体价值的实现，才能更好地实现社会价值。个人与社会的有机统一，有利于个体与社会和谐发展，这对于构建社会主义和谐社会意义重大。最后，友善还体现为人与自然关系的和谐逐渐显现。恩格斯认为，我们不要过分陶醉于我们人类对自然界的胜利，对于每一次这样的胜利，自然界都对我们进行着报复。把友善纳入大学生社会主义核心价值观培育中，培养新时代大学生对人、对物友善的品德，在社会主义现代化强国建设中，实现人与人、人与社会、人与自然之间的和谐统一是我们的追求，友善既是对这种和谐状态的描述，又是达到这种状态的重要途径。因此，友善是社会主义核心价值观的重要内容，也是对大学生进行社会主义核心价值观培育的重要内容。

二、大学生社会主义核心价值观培育的着力点

（一）聚焦社会主义核心价值观功能定位

首先，能够达成价值共识。社会主义核心价值观把国家、社会、公民三个层面的价值追求融为一体，明确了我国要建设什么样的国家、什么样的社会和

培育什么样的公民的标准。培育社会主义核心价值观，能有效整合社会意识，超越多元价值，达成自觉认同和公民共识。其次，能够凝聚中国力量。社会主义核心价值观是集聚人心、汇聚力量，凝聚起磅礴中国力量的精神所在。培育社会主义核心价值观，一个民族、国家的人民方能形成政治向心力和民族凝聚力，心往一处想、劲往一处使。最后，能够增强中国精神。社会主义核心价值观是在继承以爱国主义为核心的民族精神和汲取以改革创新为核心的时代精神的基础上形成和发展起来的。培育社会主义核心价值观，意味着弘扬中国精神，增强中华民族团结一致、与时俱进的精神动力。

（二）立足大学生社会主义核心价值观培育的价值关切

达成价值认同的深层根源在于共同利益和需求。大学生作为实践主体、认识主体和价值主体，其实际需求是社会主义核心价值观培育的终极价值关切，是联结个体意识与社会共识的纽带，是实现价值认同与价值转化统一的内在动力。大学生社会主义核心价值观培育需准确、全面、系统、充分地把握学生需求。一是以大学生为中心，尊重大学生的身心发展规律和特点，尊重大学生的主体地位和人格尊严，根据大学生个体心理机制水平、认知能力差异，提供满足大学生现实需求的差异性认同教育供给，调动大学生学习积极性，增强学习兴趣和学习动机，激发大学生的自觉性和能动性，使其主动进行价值选择，学会自我激励、自我完善、自我超越，真正成为社会主义核心价值观生成的行为主体。二是将社会主义核心价值观与大学生的切身利益和实际需求相结合。挖掘社会主义核心价值观在大学生实际生活中的指导作用，使大学生切实感受社会主义核心价值观对现实生活的指导价值，增强其对社会主义核心价值观的信服度。

（三）坚持中国特色与国际视野相统一

中华优秀传统文化就是社会主义核心价值观的根本。与此同时，应该看到，不同的国家、民族和群体在价值观层面既有差异和区别，也有趋同和共性。核心价值观的教育活动在既有鲜明阶级性和意识形态区别的同时，也有一定的相通性和普遍性。价值观培育可以在差异性中寻求共通性，在共通性的基础上寻求差异化发展。以文化交流交融交锋为背景的社会主义核心价值观培育需立足本土和当下，放眼国际和未来，从世界视角审视本土问题。

第三节　大学生核心价值观培育的意义

一、大学生教育中培育和践行社会主义核心价值观的意义

大学生属于国家教育阶段中的较高层次，在一定程度上反映了高等教育的发展进程和人才资源发展程度，而在大学生中开展社会主义核心价值观教育，能够促使学生将社会主义核心价值观内化为民族信仰、外化为具体实践，可以说以社会主义核心价值观加强大学生教育，具有鲜明的时代意义，且现实意义影响深远。

（一）提升国家文化软实力，增强大学生文化自信

文化软实力是一个国家的民众所表现出来的精神状态、所具备的道德品格、所展现出来的核心凝聚力。在新的时代条件下，各个国家已经逐渐意识到文化软实力在综合国力中所占据的重要地位，因此在不断提升硬实力的同时，也越来越重视文化软实力的建设。文化的集中体现是价值观，有什么样的文化就会表现出什么样的价值观，任何文化都有其独特的价值观念，这也使得一种文化得以与其他文化相区别。[①]要培育和践行社会主义核心价值观，不断增强意识形态领域主导权和话语权，推动中华优秀传统文化创造性转化、创新性发展。随着文化全球化向纵深发展，当代高校大学生面临多元文化思潮，对此高校要以社会主义核心价值观为指引，推动大学生积极发扬传统文化，探索文化发展的新形式，使其积极参与文化传承与文化创新，形成高度的文化自觉，增强文化自信，从而更好地促进其全面发展。

（二）增强大学生民族自豪感和民族凝聚力，为大学生提供强大的精神信仰

历史和现实都表明，构建具有强大感召力的核心价值观，关系社会和谐稳定，关系国家长治久安。检验一个民族是否具有凝聚力，要看全社会是否具有共同遵守的核心价值观，并且这个核心价值观在重要关口应能够凝聚人心，成

① 中华人民共和国国务院新闻办公室，中共中央文献研究室，中国外文出版发行事业局．习近平谈治国理政 [M]. 北京：外文出版社，2014：45.

为全社会共同的精神支柱，以推动社会不断向前发展。

（三）培育大学生自强自立的精神品质和积极健康的精神风貌

高校大学生是社会的重要组成部分，是践行社会主义核心价值观的生力军。每个大学生所具备的道德素养、所遵守的伦理准则、所形成的法制观念、所坚守的民族大爱，都直接影响着整个国家的精神风貌和社会风气，也在一定程度上塑造着一个时代的民族气质。一个社会的道德风尚应该是积极的、健康的。社会主义核心价值观的个人层面既规定了形成良好精神风貌所具备的要素，又有助于培育积极健康的精神风貌。“爱国、敬业、诚信、友善”都是对个人价值观念的倡导，这也是我们在践行社会公德、恪守职业道德、感悟家庭美德、开展人际交往的过程中都应该遵循的价值原则和所应具备的精神品质。大学校园是开放的、包容的，同时也不可避免地会受到多元化社会思潮的影响，一方面能使大学生吸收多元思想文化，开阔视野，开发创新性思维，形成参与竞争的意识；另一方面某些消极的思想也会通过校园环境在大学生中进行传播，可能导致某些大学生产生错误乃至偏激的思想，人生价值偏离正确轨道，出现拜金主义、享乐主义倾向。越是出现理想信念缺失、道德滑坡、个人主义盛行的问题，就越需要用社会主义核心价值观进行引导，以培育大学生积极健康的道德品质。

二、大学生社会主义核心价值观教育中存在的问题

（一）多元文化导致大学生价值观出现偏差

新媒体时代的到来，改变了信息的传播方式，互联网为多元文化提供了传播条件。受多元文化的影响，再加上这一时期大学生思维跳跃，一些大学生很容易出现认识偏差，在价值观方面产生了诸多迷茫、困惑和疑问。

一部分学生知行脱节，对社会主义道德的一些内容基本了解，但重理论、轻实践；还有一部分学生政治信仰淡化，向物质功利倾斜，唯利是图，在价值选择和价值实现上重利益、轻付出，重等价交换、轻无私奉献；更有不少大学生存在以自我为中心的个人主义，忽视社会和集体的发展需要，缺乏责任意识。

（二）传统教学方式影响了教育效果

很多高校以传统教育为主，在大学生社会主义核心价值观培养方面忽略了

教学方式的创新与发展。传统的教学模式中，大学生多为被动地进行学习，被动地接受知识，师生之间缺乏沟通和交流。这种教学方式大大降低了大学生的学习兴趣和学习动力，很难取得好的教学效果。

大学生社会主义核心价值观教育的一个关键点在于在理论认同的前提下，对社会主义核心价值观予以精神肯定，这就需要情感上形成认同，实现社会主义核心价值观内化于心，主动规范自身言谈举止，产生自我奉献等积极思想。因此，社会主义核心价值观的教育，应改变单向灌输、单纯说教的教学模式，以更好的途径满足大学生的需求。

（三）思想引领途径局限单一

高校对思想政治教育重视程度不够，专业课的学习占据了大学生大部分的时间，存在重专业教育、轻思政教育的现象。大学生接受社会主义核心价值观教育的途径局限于思政课，而思政课一个很大的特点就是理论性强，只靠课堂教学，大学生很难将理论知识理解透彻。

举办校园文化活动也是一种常见的思想引领路径，但由于范围的局限性，很多活动流于形式也较为单一。而比较受大学生欢迎积极参与的活动往往过于娱乐化，缺乏思想内涵和深远立意，难以让大学生深层次去思考，从中获得文化自信和文化认同。

三、大学生社会主义核心价值观培育的策略

（一）建立健全“三全育人”长效培育机制链

大学生社会主义核心价值观培育是一项长期而复杂的系统工程。因此，高校必须建立健全大学生社会主义核心价值观长效培育机制链。这就意味着大学生社会主义核心价值观培育不仅要成为高校全员教育教学的目标，还要成为高校与家庭、单位、社会共同努力的奋斗目标。建立健全大学生社会主义核心价值观“三全育人”长效培育机制链，主要包括构建全员培育大学生社会主义核心价值观机制、全过程培育大学生社会主义核心价值观机制、全方位培育大学生社会主义核心价值观机制三个二级机制。在三个二级机制中，再分别建立健全相应的决策、协调、评估、监督、反馈、完善六个三级机制，以全员、全过程、全方位的合力保障大学生社会主义核心价值观长效培育，使其健康有序开展。

（二）加强社会主义核心价值观生活化教育

将社会主义核心价值观与大学生日常生活领域联系起来是提升大学生社会主义核心价值观培育实效的重要手段。因此，加强社会主义核心价值观生活化教育，增强大学生社会主义核心价值观教育实效，一是要将社会主义核心价值观与大学生的正当利益与合理需求有效对接，让大学生能在培育和践行社会主义核心价值观过程中受益；二是将社会主义核心价值观融入大学生现实生活情境中，引导大学生理论联系实际，解决自身实际问题；三是转变社会主义核心价值观话语向度，将宏大叙事式宣传方式有效转变为大学生乐于接受的个性化话语表达形式。

（三）发挥重点群体有效引领的功能作用

大学生干部和学生党团员是大学生社会主义核心价值观的培育重点，也是树立并践行社会主义核心价值观的重要力量。引导大学生干部和大学生党团员真正认同社会主义核心价值观，并带头发挥引领的模范作用：一是加强系统培训，帮助大学生干部和大学生党团员深刻学习领会社会主义核心价值观的内涵、理论和意义，增强理论认同；二是组织大学生干部和大学生党团员参加形式多样的实践活动，加强大学生干部和大学生党团员从客观世界出发，正确认识人类社会及其自身的发展，用马克思主义的立场、观点、方法来认识问题、分析问题，从而提高思想意识与实践能力；三是按照社会主义核心价值观的要求，建立健全科学的考评机制，对大学生干部和大学生党团员进行客观公正的考核评比以及奖励效果评价制度，在实践中不断总结完善社会主义核心价值观考评激励机制。

（四）创新培育载体

唯有不断创新培育载体，才能提升大学生社会主义核心价值观培育成效。一是运用先进典型宣传，从全国的榜样人物到校园里的普通教职工、大学生，只要是社会主义核心价值观的积极践行者，都可以有针对性、有选择性地进行宣传报道，构建良好的校园环境；二是通过文艺表演形式，开展丰富多彩的社会主义核心价值观主题活动，寓教于乐，使大学生产生积极的情感体验；三是开展具有社会主义核心价值观教育意义的礼仪活动，发挥仪式活动的教育功能；四是在校园内征集以社会主义核心价值观为主题的公益广告，调动大学生的积极性、主动性；五是充分利用现代网络传播手段，将社会主义核心价值观

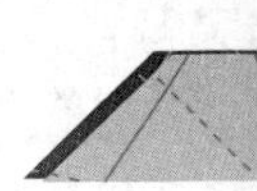

全面融入大学生网络生活之中。

（五）创新培育方法

要使大学生真正将社会主义核心价值观内固于心、外化于行，关键不在于“上施下效”，而是在于“化”，即透过文化尤其是中华优秀传统文化教化大学生，不仅能体现对大学生的人文关怀，还能无形之中影响大学生的思想观念。常用的方法主要有通识教育法、价值澄清法、价值附载法、价值反省法、隐性课程法五种。在具体使用方面，需要根据具体情况选择合适的方法。比如，通识教育法、价值澄清法可在大学生社会主义核心价值观理论课程中使用，价值附载法可在大学生社会主义核心价值观相关实践活动中使用，价值反省法可在大学生社会主义核心价值观生活化教育中使用。

（六）营造良好的育人环境

人创造环境，环境也创造人。校园是大学生学习生活的主要场所。因此，营造良好的育人环境重点在于高校校园文化环境建设。营造良好的育人环境，一是要将社会主义核心价值观融入校园文化，尤其是校园精神文化建设，熏陶并滋养大学生心灵；二是将社会主义核心价值观与校园传媒相结合，如开发校园专题网站、利用网络媒体和网络传播手段制作宣传大学生喜闻乐见的文艺作品等；三是固化于制，将社会主义核心价值观纳入校纪校规，规范大学生的言谈举止；四是建立系统科学的社会主义核心价值观评价指标体系，将过程评价与结果评价相结合，完善相应奖惩制度，助推大学生尤其是大学生干部和大学生党团员成为社会主义核心价值观的模范践行者。

第七章　互联网时代创业价值观教育研究

第一节　“互联网 +”时代下社会主义核心价值观教育的创新与发展

一、“互联网 +”教育

（一）“互联网 +”的概念与特点

互联网和互联网安全在中国备受重视。2014 年 11 月，在浙江嘉兴乌镇举办了第一届世界互联网大会。2015 年 12 月 16 日，第二届世界互联网大会召开，海外媒体对中国互联网产业的飞速发展、网络主权以及国际网络反恐合作等话题予以高度关注。

毫无疑问，无论是网民数量还是网络经济发展的速度，中国均堪称世界第一。中国社会的信息化时代大潮已滚滚而来。自“互联网 +”这一概念提出后，引来上百万网民的点赞，更引发了人们对“互联网 +”的不同思考。对于中国教育领域，“互联网 +”又意味着什么呢？“互联网 +”教育的本质是什么？它有什么样的内涵，具有什么特征？上述这些问题是互联网时代信息化教育必须积极面对和解答的问题。

在全球新一轮科技革命和产业变革中，互联网与各领域的融合发展具有广阔前景和无限潜力，已成为不可阻挡的时代潮流，正对各国经济社会发展产生着战略性和全局性的影响。到 2025 年，网络化、智能化、服务化、协同化的“互联网 +”产业生态体系基本完善，“互联网 +”新经济形态初步形成，“互联

网 +”成为经济社会创新发展的重要驱动力量。

总之，“互联网 +”是对创新 2.0 时代新一代信息技术与创新 2.0 相互作用共同演化、推进经济社会发展新形态的高度概括，其中最重要的一点是催生新的经济形态，并为“大众创业、万众创新”提供环境。

（二）“互联网 +”教育的内涵

“互联网 +”在深刻改变人们的思维方式、生产方式、消费方式、生活方式的同时，也改变了人们的教育思维、教育理念和教学方式。对于中国的发展而言，“互联网 +”，加的是创新驱动发展方式，加的是实体经济新的创新力和新的生产力，加的是现代商业模式创新，加的是生产流程再造和价值链重组。而对于“互联网 +”教育来说，“互联网 +”，加的是创新育人的教学理念，加的是与时代同步的教育艺术和方法，加的是以人为本的教育核心，加的是丰富多彩的网络课堂，加的是陶冶情操的教育环境，加的是不断革新的教育流程，加的是科学教育链形成的创新教育网。它引起了教育理念、教育环境、教育技术、教育流程、教育价值链的方方面面的变革。

1. 创新教育理念

教育者与受教育者是思想政治学科教学活动的基本因素，也是教学活动中最核心的关系。“创新育人”是育人理念、方式、手段，“育创新人”是育人目标、要求、归宿。创新育人无非是创新型教师借助创新平台，利用创新环境和工具，培育创新型学生，因此创新型教师是创新育人的关键。

国以人立，教以人兴。教育大计，教师为本。推动教育改革创新，办好人民满意的教育，关键在教师。更重要的是，教师是创新育人的“火炬手”。“互联网 +”教育，其最核心的一点就是“互联网 +”创新教育，通过教师的创新教学、创新育人，引导和激励学生树立创新意识，培养学生具有创新思维、创新精神、创新能力是信息化教育的重要内容和目标。因此，如果说青年是中国创新的“梦之队”，那么创新型教师就是中国青年创新“梦之队”的教练和引路人。此外，在“互联网 +”的冲击下，教师和学生的界限也不再泾渭分明，教师也要不断转换身份，提高学习能力和创新能力。在传统的教育形态中，教师、教材是知识的权威来源，学生是知识的接受者，教师因其拥有知识量的优势而获得课堂控制权。可在“校校通、班班通、人人通”的“互联网 +”时代，学生获取知识已变得非常快捷，师生间知识量的天平并不必然向教师倾斜。此时，教师必须调整自身的定位，让自己和学生成为学习的伙伴和引导者。

面对波澜壮阔的改革大潮，要想创新育人，教师先要“创新自己”，通过大量中外相关资料阅读强化教育创新意识，通过对外学习交流拓宽创新视野，通过创新教学实践累积教育方法和技术创新，通过课题研究提高科研创新能力。在这个过程中，通过方方面面的努力，创新意识、创新视野、创新方法、创新科研、创新实践“五位一体”，不断推进教育理念、教育内容和教学方法的改革创新，自觉做改革创新的“火炬手”，为创新育人打下良好的基础。创新人才要靠学校教育来培养，这就要求当代教师必须具备创新的品质，牢固树立改革创新意识，让改革创新成为一种自觉的思维理念、行为方式和目标追求，为创新育人做出贡献。

2. 实现基于学生成长需求的跨界融合教育

2013 年被称为“大数据元年”，大数据影响着社会生活的方方面面。大数据的信息性、预测性、相关性、参与性、创新性等特征，对传统的教育产生了深刻的影响与强烈的冲击，也对课程有了更高的要求。关于一堂好课的评判，尽管学术界、大师、专家、教师和学生的价值标准不尽相同，各有其不同的表述，但也能达成一些共识。教师的教是为了学生的学，一堂好课应该是学生想学、爱学、善学、乐学的课。其标准由以下四个方面构成：是基于学生健康成长需求的课堂；是对学生具有吸引力令学生真心喜爱的魅力课堂；是尊重学生、了解学生、调动学生积极性、开发学生潜力，令学生终身受益的高效课堂；是集知识传授、素质培养、能力锻炼、智慧开发于一身，触动学生心灵，令学生难以忘记的精彩课堂。即“一堂好课 = 育人课堂 + 魅力课堂 + 高效课堂 + 精彩课堂”。

课堂是教师教书（传道、授业、解惑）的课堂，更是学生求知（知识、能力、素质）提升的课堂，教师的爱教、善教、乐教是为了学生的爱学、善学、乐学，因此一堂好课必须坚持以育人为本，其核心应“以学生为中心，以学生为主体”。教学内容设计要从学生的特点和需要出发，既尊重学生基础层次的基本需求——心理需求、情操需求和知识需求，又要着眼于学生深层次的成长需求——能力需求、素质需求和发展需求。因此，一堂好课的基础是充分了解学生的学习情况、心理状态、能力现状和成长需求。而大数据的数据分析和数据挖掘恰好可以帮助教师更好地了解学生的全方位需求，做到有的放矢。“互联网 +”能够做到将学生受到的历史教育和现实需要有效地契合在一起，还能做到跨界联合形成教育联盟。

3. 创设全时空创新育人环境

学校通过互联网平台，将创新育人贯穿于课堂教学、实习实训、社团活动、社会实践，以及校园环境、宿舍布置、人际关系等育人全过程中。创设全时空创新育人环境，通过邀请企业专家进校园，对学生进行创新思维训练；通过所在城市的创客空间，可以有效提升学生创新实践能力，构建面向人人的“众创空间”等创业服务平台。要在创客空间、创新工厂等孵化模式的基础上，大力发展市场化、专业化、集成化、网络化的“众创空间”，实现创新与创业、线上与线下、孵化与投资相结合，为小微企业创新发展和个人创业提供低成本、便利化、全要素的开放式综合服务平台，通过建设网络技术专业教学资源库、数字媒体专业群国家教学资源库，有效提高教学情境与行业岗位的吻合度，实现网络技术资源信息化与共建共享，为创新人才培养创设良好环境。

4. 实施“三大课堂”联动的教育流程

三大课堂指的是传统课堂、实践课堂和微课堂。大学的课程都存在这样的普遍性问题：内容多课时少、理论讲授多实践练习少。要想化解这些问题，就需要借助微课堂和实践课堂。由于教学内容多、学时少，教师在传统课堂上不能展开的教学内容就可以借助微课堂来实现。以思想道德修养与法律基础课第一章“追求远大理想坚定崇高信念”为例，可以在借助数据搜集和学情分析充分了解学生的成长需求的基础上，开发微课堂“中国梦与美国梦”“中国梦与世界梦的和谐统一”，加深学生对理论课堂的理论知识理解。微课堂可以是课后的，也可以是课前的“翻转课堂”，如结合奥运梦的追梦历程，让学生通过奥运梦的筑梦、追梦、圆梦等来把握理想与现实的既对立又统一的辩证关系，启发他们认识到理想源于现实、理想高于现实，理想的实现不是一帆风顺的；再结合视频教学《青蒿素研制历程揭秘》，揭示升华到理想的实现需要坚定的信念和艰苦奋斗的实践，这样便可解开学生关于理想与现实的种种疑惑；最后在实践课堂（实践作业）“筑梦、追梦、圆梦”（制定小目标和追梦计划、总结圆梦经验）中体验梦想成真的成就感。

如果说传统课堂注重的是“传道”——知识的传授，实践课堂注重的是“授业”——能力的培养，那么微课堂则扮演的是“解惑”——素质的提高。三大课堂三位一体，共同实现“传道、授业、解惑”，教师既充分利用了资源，还能够指导学生网络学习和实践学习。无论是课前还是课中、课后，都能做到将“知识传授、能力培养、素质提升、智慧开发”渗透其中，给予学生阳光般的温暖，为他们的学习、生活、实践提供更多的正能量。在强化知识、提高能力、培养技能、提高素质的基础上，促进学生健康成长，启迪智慧，从而实现创新性学习。

总的来说，“互联网 +”教育将改变传统教育，但是不会颠覆传统教育，更不会颠覆学校的现有体制。它是“互联网 +”创新育人、协同育人、生态育人、联动育人、立德树人全时空的教育。

（三）“互联网 +”教育的基本特征

1. 尊重学生、育人为本与全时空多维连接

任何人都是处在一定的社会关系中从事社会实践活动的人。社会属性是人的本质属性，每个人从他出生那天起，就从属于一定的社会群体，同周围的人发生各种各样的社会关系，这些社会关系在互联网时代具有了互联网的鲜明特征。而互联网也越来越趋向于尊重人性，用户生成内容、卷入式营销、分享经济，都表达了对人性最大限度的尊重、对用户的敬畏、对人的创造性的重视。因此，人性成为互联网关系的核心。

“互联网 +”带来的变革不仅仅是技术变革，更是一场思维变革。互联网突破了地域限制，互联网思维强调用户思维、简约思维、极致思维、迭代思维、流量思维、社会化思维、大数据思维、平台思维和跨界思维。其中，“用户思维”是核心，它对高等教育提出了全新的挑战，高等教育应完成由“教师中心”向“学生中心”的转变。因为在互联网时代下，教育对象再也不是被动接受的对象，而是整个知识传播的中心。在这个时代，知识日新月异，学生成长需求每时每刻都在发生着变化，教育需要以学生为核心进行教育体系的重新设置，要求传统的理论化教学、普遍化技能知识向社会岗位化知识转型；传统课堂空间将向社交媒体空间转型，使教师与学生平等交流。同时，将校内资源和校外资源进行整合，建立学校、企业、社会的动态连接，将传统的灌输式教育转型为探讨式教育，最终过渡到团队协同塑造式教育，营造开放快乐的教育氛围。

2015 年，互联网已经走到新的拐点——“互联网 +”时代。作为这一时代来临的标志之一，所有的数据和信息都会存储在云端。与此同时，移动互联网、物联网、车联网，包括可穿戴设备、各种智能硬件，将会拥有比 PC 互联网更实时、更广阔的数据采集能力。相比依赖小数据和精确性的时代，大数据更强调数据的完整性和混杂性，可帮助我们进一步接近事实的真相。大数据时代促使信息传播主体理念发生了深刻的变化，开始以更加全面的角度来观察事

物、理解事物和记忆事物，使传播更加符合受众选择性注意、选择性理解、选择性记忆的信息接收规律，从而达到信息传播精确、有效的目的。

大数据有能力更好地针对学生的性格人格、心理精神、个体需求制定更具科学性、针对性的导学方案，帮助学生树立与时俱进的学习理念，用数据挖掘和数据分析技术帮助学生分析问题和解决问题，丰富他们的学习方式，为他们提供有效、直接、全时空的互联网学习指导和工具。以学生为中心，包含导学方案、学习理念、技术支撑、学习方式、学习工具五个元素和先学后教、学情分析、小组评价、教师总结、能力拓展五项策略。

在教育实践的过程中，政府、专家和教育对象之间可能是脱节的、分离的。其中，研究成果的评价往往是由相关部门邀请专家进行评选，而作为被教育主体的学生却被忽略了。在互联网社会，每个个体都有一个 ID，它代表了诚信，代表了创新，代表了刻画用户，成败系于“人”。“+”是价值创新和价值实现的要素，通过大数据技术建立互联网信息卡、信用记录卡，沉淀大量信任关系或重构信任关系，建立动态连接交互分享系统，发展社群，以别人的能动性为主导，放大他们的梦想，提供梦想实现的生态条件支持，创造推动进步的土壤；通过搭建数据云创新学习平台（知识云、管理云、教育云、物联云、数据云），还可以更好地了解学生接受教育的历史与现状，可以根据学生的个体特征为他们量身定做微课堂、翻转课堂和慕课，通过微博、微信、QQ 即时解决他们的知识疑难和思想困惑，真正做到以学生为中心、以育人为根本。在大数据时代，“海量 + 多样化 + 快速处理”成为常态，数据的挖掘和应用成为核心，从而保证了全时性传播内容的质量和受众服务的质量，进一步创新了数据的挖掘、析出和应用，有助于教师根据数据分析对学生可能出现的心理困惑和理解困难进行前瞻性的设计，有效引导学生树立科学的世界观、人生观、价值观。

此外，“互联网 +”既然是连接一切，除了要做到国民教育全过程网络连接，即实现教育网络的纵式教育链，还要在同一阶段综合各种教育资源，建立家庭教育、学校教育、社会教育、网络教育、自我教育的连接平台，更要做实、做细、做小，将教育资源建立连接，形成教育途径的“线上线下”移动互联，教学力量的“学校教育、家庭教育、社会教育、网络教育、自我教育”五位一体，教育形式的“课堂教学、实践教学、网络教学、文化滋养、主题活动”五位一体，“合力育人”的教育模式，从而建成立体的全时空多维协作连接。

当然，这种立体式全时空多维协作连接的建立需要注意以下几个方面。首先，“学校教育、家庭教育、社会教育、网络教育、自我教育”的教学力量目标要统一，那就是用社会主义核心价值观引领各层次、各个形式的教育，培育中国特色社会主义合格建设者和接班人。其次，要帮助学生建立创新学习和合作的能力，当今时代，知识更新周期大大缩短，学生要成为未来国家建设的人才和各个行业的骨干，就要敢于突破陈旧的思维定式，学会创新学习，不断激发自己的创新意识和培养自己的创造性思维，不断提高创新能力，为将来的创造性工作和创业打下良好的基础。“独学而无友，则孤陋而寡闻”。合作学习有助于学生之间在学业上相互启发、相互促进、取长补短、共同提高，还能在合作中培养良好的交往能力、合作精神和团队意识。最后，自我教育才是最有价值的教育。学习型社会，最需要“活到老，学到老”的终身学习理念，这一理念实质上是对人的自我学习能力的挑战。因此，广大高校学子要在学校读书时培养自主学习、进行自我教育的能力，走向社会才能继续不断学习、超越、创新，更好地履行社会责任，实现自己的人生价值。

2. 创新驱动与高校创新创业教育

创新驱动既是机制的改革，又是体制的重构，必定重塑创新生态、协作生态、创业生态、价值实现规则，这是基于人性的另外一层意义上的“开放”——由过去的对外开放为主转向对内开放为主，激发内生活力和每一个个体的创造性，从而推动整体开放生态的塑造。因此，“互联网 +”时代，教育革新势在必行，各地都应从自身实际出发，加快信息化与教育的深度融合。一方面，加快实施“国家数字资源公共服务平台规模化应用”试点建设，发挥“教育云平台”的作用，着力构建“互联网 +”课堂、“互联网 +”管理、“互联网 +”文化、“互联网 +”创新模式，着力提高课堂的活力和质量、管理的科学性、文化的滋养性和创新人才培养的实效性，树立创新理念，培养创新思维和能力，帮助学生由“受教育者”转变为“创造者”。另一方面，大力推进“利用云计算技术促进城乡教育均衡发展”试点建设，充分发挥云录播平台和资源公共服务平台的作用，促进城乡教育的均衡发展；大力实施“互联网 +”战略，以提高受教育者综合实践能力为核心，为培养具有国际竞争力的创新型人才提供有力支撑。

二、“互联网 +”视野下大学生核心价值观教育的机遇与挑战

“互联网 +”现正在以迅雷之势席卷中国教育领域。教育的根本在于育人，

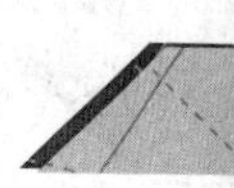

育人的根本在于育德。弘扬社会主义核心价值观是建设中华民族共同的精神家园的需要，是推动全社会形成奋发有为、积极向上的强大精神力量。而在“互联网 +”时代下，大学生核心价值观教育面临着不少机遇与挑战。

“互联网 +”改革了教育的资源分配、教学模式和组织形式，为大学生社会主义核心价值观教育提供了一定机遇。一是教育资源的分配更加公平。“互联网 +”对教育资源的重新整合和重新配置，最大限度地整合了各方资源，最大可能地放大了优质教育资源的作用和价值，使得社会主义核心价值观的传播及教育渗透到每个地方和每个人。这使得教育资源的分配变得更加公平和更有价值。“互联网 +”促进教与学的协同创新与共享共赢，形成教学和学习共同体，整体提高教学水平。这使大学生核心价值观的内容及其形式更加丰富。进一步容纳古今人物事件，纵观南北风景名胜展现其精神内核，核心价值观显得更充实和富有感染力。二是教育主体由“以教师为中心”向“以学生为中心”转变。互联网时代下，慕课、翻转课堂、微视频教学成为主流，大量网络教学平台、网络教学软件、网络教学视频喷涌而出，对传统的教学组织形式造成了革命性的冲击，学生逐渐成为教学的主体，而教师转变成学生学习的引导者，教学主体正由“以教师为中心”转变为“以学生为中心”。这意味着社会主义核心价值观教育与学习要创新模式，大学生学习价值观更加自由与主动。三是教学模式突破时空界限，实现了“4A”教育。“互联网 +”时代下的教育，是跨越时间、空间的，是实现了在任何时间、任何地点、以任何方式、向任何人学习的“4A”学习模式，这必将会颠覆传统的教与学的过程与规律。大学生核心价值观的教育空间和教育时间得到扩展，教育途径和教育渠道得到丰富，核心价值观的传播显得更加顺畅。当然，信息网络化时代给大学生社会主义核心价值观教育带来了大挑战。

首先，社会主义核心价值观传播渠道快速发展，稀释了它的特殊政治意义和精神内核。互联网时代是一个个性张扬的时代，每一个个体都是一个信息源，网络信息以几何倍数式地增长，信息质量参差不齐，难免会鱼龙混杂。在信息轰炸下，社会主义核心价值观自身特殊的政治意义和精神内核也被不同程度地稀释。互联网时代下，价值多元是一个不争的事实，社会主义核心价值观教育就要更加贴近时代特点和大学生思想实际，才能引领大学生思想导向，达到内化于心、外化于行的理想效果。

其次，多元价值的传播，文化霸权与文化渗透弱化了社会主义核心价值观的重要地位。社会主义核心价值观教育有着明确的教育目标，带着浓厚的意识形态色彩。而网络信息传播渠道的快速发展，带来的是各种主义、各种信仰、各种价值观交织并存的复杂局面，某些别有用心的西方国家或西方媒体，利用其在互联网方面的优势大肆宣扬西方的所谓思潮，通过网络教学、影视作品、移动广告等载体加强文化渗透，推行文化霸权主义。在高强度的信息轰炸下，正处于世界观、人生观、价值观形成阶段的大学生会对此感到好奇想去了解，而在繁乱信息的背后，是同一件事情有着不同的评价，是同一种评价有着不同的措辞，一旦大学生自身缺乏一定的政治悟性，缺乏一定的甄别能力，就极易迷失方向，做出错误的价值判断与价值选择。

最后，碎片化、兴趣化的“互联网 +”学习方式，容易削弱大学生对核心价值观的系统把握和深度思考。互联网时代下，在海量信息和众多知识面前，大学生学习能力面临巨大挑战。虽然互联网降低了学习的门槛，随处可见的知识分享和信息传播给学习提供了便利，然而学习时间、学习内容却严重碎片化，导致学习者懒于思考，对知识“囫囵吞枣”，更谈不上对知识进行系统化的整理加工。放之大学生核心价值观的教育上，如果这样的局面长期盛行，大学生就无法真正感受到价值观的历史渊源和精神所在，教育就会流于一场司空见惯的形式。因此，加强大学生社会主义核心价值观教育成为战略任务。

三、“互联网 +”时代下大学生核心价值观教育创新

（一）转变教育理念

作为教学活动的组织者和引导者，教育工作者要及时转变角色意识，实现自身角色的转换，要由过去教学活动的控制者转变为促进者。教育工作者要根据大学生多层次、多元化的需求，对社会主义核心价值观教育内容做层次化梳理，针对不同基础、不同层次的大学生制定差异化的学习方案，运用包括网络、媒体、即时通信在内的各种途径，引导大学生自觉自愿地参与教学活动，主动提取有益于自己学习和成长的科学、健康的信息资源，提高他们运用科学知识分析和解决问题的能力。

大学生是教学活动的主体，教育工作者在进行社会主义核心价值观教育时要充分发挥大学生的主体作用，积极调动他们的创新性思维和主观能动性，鼓励他们自主探究。在充分利用信息技术的基础上，根据大学生的具体情况实施个性化的学习策略，利用新媒体创设个性化的育人环境，建立个性化的学习平

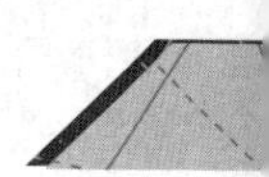

台。同时，教育工作者还应认识到大学生是具有独立人格意识的平等个体。在教育教学过程中要适时了解和掌握大学生的思想动态和心理特点，尊重他们的个性化差异，努力创设一种宽松、融洽的课堂氛围，让每一位大学生都享有平等的机会和条件参与教学活动，增强他们践行社会主义核心价值观的自觉性与主动性。

（二）改进教学方法

1. 使用微媒介进行教育

一方面，充分利用互联网实时便捷的独特优势，通过微信公众号、QQ 群、微信群、微博等新媒体随时编辑和推送富有人情味和感染力的短小精悍的宣传作品，将社会主义核心价值观教育与大学生的日常生活有机融合，不断拓展“互联网 +”时代碎片化学习的广度和深度，增强网络教育的实效性；另一方面，以微电影、微视频、微公益等大学生喜闻乐见的形式呈现社会主义核心价值观教育内容，将高深的理论浅显化，使大学生易于理解和接受，激发大学生的学习兴趣与热情，增强社会主义核心价值观教育的感染力和号召力。

2. 改进课堂教学方法

教师要不断创新社会主义核心价值观的课堂教学方法，采用多媒体辅助教学法和互动式教学法等，激发大学生的学习兴趣，提高课堂效率和质量。多媒体辅助教学能够极大地克服传统教学模式的不足，通过文字、图片、动画、音频、视频等，使抽象的社会主义核心价值观变得愈加生动鲜活，增强教学的直观性、形象性，激发大学生的求知欲，使他们乐于理解和接受社会主义核心价值观的教学内容。在互动式教学中，教师要时刻关注大学生的学习状态，准确抓住他们的“兴趣点”，根据社会主义核心价值观的相关内容设置问题情境，引导他们积极展开交流讨论，激发他们的主动性和探索性，提高他们的价值鉴别和价值选择能力，以社会主义核心价值观引导大学生树立正确的世界观、人生观和价值观。

（三）创新话语体系

1. 对话式话语

在“互联网 +”时代，在主流意识形态教育中，教育工作者不应该是话语的垄断者和独语者，而是对话的引导者、合作者和倾听者。教育工作者必须改变传统的“独白式”的话语模式，用小故事解说大道理，用平等对话替代单向说教，运用大学生喜闻乐见的话语表达方式，营造民主、平等、和谐的对话氛

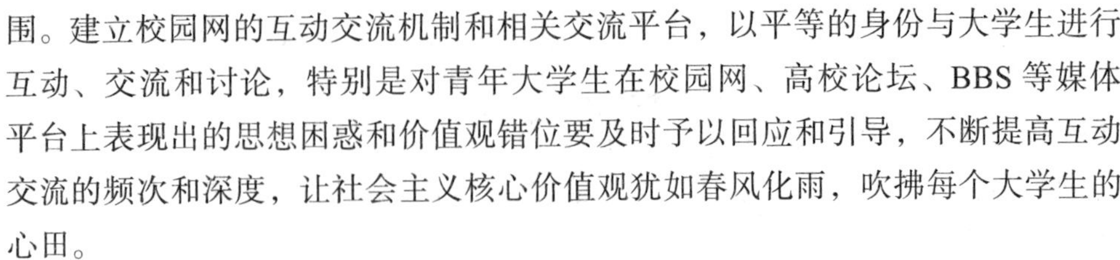

围。建立校园网的互动交流机制和相关交流平台，以平等的身份与大学生进行互动、交流和讨论，特别是对青年大学生在校园网、高校论坛、BBS 等媒体平台上表现出的思想困惑和价值观错位要及时予以回应和引导，不断提高互动交流的频次和深度，让社会主义核心价值观犹如春风化雨，吹拂每个大学生的心田。

2. 网络式话语

当代大学生思想活跃，具有超强的接受新鲜事物的能力，极易接受充满个性、时尚新潮的网络用语。教育工作者应适应大学生的交流方式和心理需要，将语言网络化，通过网络语言、网络流行语进行社会主义核心价值观教育。在教育过程中，教育工作者要善于使用轻松诙谐、精练简洁、意蕴深厚的网络流行语和关键词，综合运用视频、音频、动画、图片、图表、符号、字母等表现形式，对政治色彩浓厚的社会主义核心价值观进行形象化、生动化的解读和宣传，以吸引大学生的眼球并激发他们的兴趣，甚至产生共鸣，提高他们学习的积极性、主动性、参与性，进而增强社会主义核心价值观教育的吸引力和感染力。

3. 日常生活话语

社会主义核心价值观理论化、抽象化的文本表达方式与大学生的生活、思想实际及个性化的话语表达之间存在着巨大的鸿沟，导致社会主义核心价值观很难真正融入大学生的日常生活和精神世界，制约和影响了社会主义核心价值观的传播效力以及大学生的价值认同。为此，需要将理论化、系统化、概念化、标签化、格式化的教材语言转换成大学生容易感知、乐于接受的“草根语言”，将“高大上”的学术话语转化成“接地气”的日常生活话语，使社会主义核心价值观的教育内容更具形象性和生命力。

（四）优化网络宣传

宣传教育是思想文化传播的重要渠道，是开展大学生社会主义核心价值观教育的重要方式和必然要求。在“互联网 +”背景下，高校应搭建网络宣教平台、加强网络宣教队伍建设，占领社会主义核心价值观教育的制高点。

1. 搭建网络宣教平台

搞好网络宣传，传播的载体选择至关重要。高校要通过整合资源、创新载体、技术升级等方式，建设一批集理论知识、思想理念、生动趣味于一体的，特色鲜明、大学生喜爱的网络宣传平台，努力营造良好的舆论氛围，扩大社会

主义核心价值观宣传教育覆盖面，让主流声音在师生中听得见、传得开、立得稳。

首先，建立社会主义核心价值观宣传教育专题网站，发挥官方平台的辐射作用。教育专题网站要宣传正面的教育内容、传递中国正能量，用正面声音消解各种错误、不良观点的消极影响，从而真正成为引领大学生社会主义核心价值观教育的坐标，增强大学生的情感认同。

其次，高校要主动占领校园微博、微信、贴吧、师生互动社区、移动课堂等宣传教育的阵地，通过学校官方的微博、微信、论坛、学生微信群或 QQ 群等，及时发布和推送“有速度、有温度、有信度”的社会主义核心价值观教育的信息，使大学生在不知不觉中接受教育。

最后，高校还要充分利用校报、校刊、广播电视、横幅、橱窗等宣传阵地开展社会主义核心价值观宣传教育活动，弘扬主旋律，发挥其育人功能。

2. 加强网络宣教队伍建设

在“互联网 +”时代做好社会主义核心价值观教育，必须打造一支思想立场过硬、网络传播技术精湛的专兼职相结合的“又红又专”的网络宣教队伍。

首先，加强网络技术队伍建设，高校要培养一批网络技术管理人才，让他们负责网络平台的运行、维护、监控和管理等工作。同时，让他们充当网络“舆情员”和“把关人”的角色，对网上信息进行筛选、甄别、审查，一旦发现网络舆情问题，立即上报学校相关部门，对于错误的言论应及时予以制止并切断信息传播路径。

其次，加强网络评论员、监督员队伍建设，高校要培养一支理想信念坚定、政策理论水平高、责任心强的网络评论员、监督员队伍，发挥他们的岗位特长和专业优势，及时教育和引导大学生的网络言论，为大学生提供一个文明健康的网络交流环境。

最后，培养具有网络影响力的人。与普通网民相比，具有网络影响力的人是在互联网世界里处在金字塔尖的群体，他们具有强大的舆论动员力和舆论引导力，能够将兴趣爱好相同的网民聚集到一起，形成一个网络社会舆论场，在一定程度上影响和把控网络舆论的形成和走向。大学生社会主义核心价值观教育需要培养一大批政治素质高、表达欲望强、思维敏锐、勇于担当社会重任的“网络意见带领人”，高校宣传部门要加强与“网络意见带领人”的沟通对话，了解动态，答疑解惑，加强培训，不断提升他们的品质修养和媒介素养，提高他们的传播影响力，激励他们敢于担当、敢于发声、敢于抵制各种文化乱象，向大学生传播社会正能量，对大学生起到引领示范的作用。

四、“互联网 +”与校园文化建设

（一）“互联网 +”背景下校园文化的特点

1. 时代性与地域性

高校校园文化是高校文化和社会文化相互摩擦、相互交融形成的文化。高校校园文化潜移默化地受社会文化中的主导层面影响，具有时代性，同时不同地域的高校之间有各自不同的特点，或多或少受当地文化的影响。例如，陶瓷文化是景德镇地区的核心文化，在其发展过程中促进了当地人创新意识的提高，进而影响人们的思想观念。在这片充满瓷器文化的地域中，许多高校开展了以陶瓷为核心的教育活动，并结合互联网丰富的资源配置，引导大学生深刻认识陶瓷文化，培养他们努力奋斗的品质。

2. 教育性与娱乐性

在“互联网 +”背景下，校园文化所呈现出来的教育性有了显著提高。教师授课时，互联网技术的应用使课堂教学更加生动形象、快捷便利。校园文化的身影寄存于丰富的表现形式中，这对于培养社会主义新型人才具有深远的教育作用。“互联网 +”背景下的校园文化具有娱乐性，对于在校大学生来说，可以通过互联网进行多层次的互动。例如，通过代表校园形象的表情包、网页互动页面，不仅能够领略校园文化的精彩，还能多层次地传播校园文化。

3. 普遍性与特殊性

文化是具体的，也是抽象的，文化可以普遍共享，也可被不同个体所独占。在互联网高速发展的今天，文化传播的途径与媒介早已不是当年的报纸、展板那么简单。在互联网背景下，普遍性是当今高校文化最显著的特征，高校文化的普遍性直观地通过两个层面展现，一是与社会文化普遍联系，二是与其他高校校园文化普遍联系。当前，校园文化的发展要基于社会主义核心价值体系，要呈现爱国、爱校、爱人等理念，高校校园文化的主旨是培养大学生正确的价值观，促进大学生长远地发展，而特殊性则体现在各高校具有各自的代表形象与价值导向。

（二）"互联网 +"背景下大学校园文化建设中存在的问题

1. 大学校园文化受到社会文化影响和冲击越来越大

大学是学生走向社会的最后一站，是引导大学生树立正确的人生观、价值观以及择业观的重要途径之一。因此，进行大学校园文化建设的培育具有重要意义。随着互联网技术的发展，整个社会的文化在内容与形式上越来越多元化、丰富化，尤其是自媒体时代的到来，更是为信息的传播、文化的形式带来了诸多不确定因素，传统文化与现代文化的冲击、西方文化与中华文化的碰撞、网络中对各种社会热点话题的分析与解读，这些都对校园文化的建设造成了很大的影响与冲击。由于大学生处于人生观的形成阶段，缺乏社会经验，许多知识来源于课本，缺少辨别能力，使他们极易受到不良文化的影响，再加上虚拟的网络世界会使得有些自制力差的大学生深陷其中，从而荒废学业、荒废人生。

2. 大学校园文化建设同质化问题严重，缺乏特色

大学校园文化对高校人才培养影响深远，然而目前很大一部分高校在校园文化建设上千篇一律，校园文化建设的同质化现象较为严重，缺乏特色。校园文化与学校内部各个学科、专业密切相关。当前，高校在学科建设、专业设置、人才培养等方面日趋相同，差距越来越小，并且在工作模式、工作内容上也几乎类似，这在一定程度上使得学校间的校园文化建设工作特色不够明显。由于每个学校的诞生时间、历史背景、培养目标、师资力量、专业特色等方面都存在着差异，如何突出学校的特色，显示与众不同之处，并通过校园文化建设来体现这种特色是当前需要考虑的问题。特别是在"互联网 +"时代背景下，网络技术快速发展，学生获取信息的渠道较为广泛，他们对同类其他学校的关注度也较高，很容易会与同类学校进行比较。因此，建设富有特色的大学校园文化，可以培养大学生的归属感与荣誉感。

3. 大学校园文化建设与互联网的对接度不高

在大学校园文化建设中，网络平台的搭建与完善起着重要的载体与媒介作用。网络已成为大学生生活的重要组成部分，可以说是离开网络寸步难行。大学生通过计算机、手机等终端接收着海量的信息，他们更加注重信息的传播方式，注重信息的时效性与传播速度，而对传统的学校活动热情不高，特别是在"互联网 +"背景下，信息传播的媒介越来越丰富，各种各样的 App、交流软件层出不穷，大学生也越来越热衷于在这些新媒体上获取信息、收获知识。然而，目前很多高校在校园文化建设中与网络的对接度不高，在现实工作中没有

将校园文化的建设内容与网络、新媒体很好地联系起来，使得大学校园文化的建设工作虽然投入了很多精力，但是没有达到预期的效果。

4. 大学校园精神文化建设有待加强

大学校园文化建设包含诸多方面的内容，概括起来主要体现在四个方面，即制度文化、行为文化、物质文化和精神文化。许多学校在学校物质文化方面投入了较多的人力、物力与财力，如校园美化、校园设施的完善、校园环境的改善等，但是在制度文化、精神文化方面还有诸多的欠缺。在制度文化方面主要是缺乏有效的、完善的规章制度，在提倡大学生提高自身修养、提高综合素质时，没有制定相应的规范；在精神文化方面，许多校园文化活动还停留在传统的学校内容方面，更多关注的是活动本身，而忽视了参与活动的主体，在形式上缺乏创新意识，使得大学生的参与热情不高，活动也没有达到一定的教学效果，对大学生精神层面的提高作用有限。在“互联网 +”背景下，海量信息充斥着大学生的日常生活，他们对新媒体的依赖越来越高，接收信息的方式也更加快捷，许多大学生热衷于“刷微博、聊微信”等新媒体平台，碎片化的阅读占据着他们的大多数时间，总体上处于一个匆忙的、心不在焉的、缺乏思考的学习环境中，再加上互联网信息质量参差不齐，外部浮躁的环境以及学校教育都使得大学生的精神文化缺失。

5. 校园信息的发布与传播难以有效地进行监控

在“互联网 +”背景下，各种新媒体、新技术不断涌现，使得大学校园文化的发布与传播变成一种“无屏障”状态，长此以往，会使信息的发布与传播处于真空状态，无法得到有效的监控与管理。现如今，各种新兴的媒体成为大学生获取信息的主要来源，但是大量的信息不仅分散了他们的注意力，而且很多都是无用的信息，更有甚者是虚假的信息，这些都影响了大学生的学习与生活。在新媒体平台中，每个人都是独立的个体，人与人之间的交流变得更加直接，人们在发布信息的时候往往带有个人感情色彩，这就使得大学生在发布信息时带有随意性，新媒体沦为他们宣泄与表现自我的一种工具与手段。

（三）“互联网 +”背景下开展大学校园文化培育的路径

1. 转变大学校园文化培育的工作思路

当前在大学校园文化培育工作中，对校园文化的理解仍然不够全面与深入，主要集中在环境建设、学生活动、学生组织等方面。但是校园文化的建设应包括思想、艺术、制度、道德、文化、环境等诸多方面。“互联网 +”为校园

文化的培育提供了广阔的平台与技术支持。高校应该充分利用“互联网 +”的优势，尤其是一些新媒体技术，实现各类信息的碰撞与交流，而且要完善制度工作，构建校园文化培育体系，改变传统的工作思路，从全员育人、深度育人的角度来开展校园文化培育工作。要将一个个单独的活动根据特色连成一条线，再根据校园文化的侧重点将一条线拉成教育面，最终将素质教育、知识教育、价值教育等方面联系起来，最终形成多维度的校园文化培育工作体系。

2. 始终坚持思想性和正能量，永葆校园文化的先进性

高校校园文化区别于其他文化最重要的特征就是在价值取向上具有高品位，代表先进、创新、高雅的主流价值观。在社会思潮多元化的今天，网络作为一个开放的平台，高校教师和大学生的思想也不可避免地受到影响，校园文化也不断受到各类思潮的冲击和侵蚀，同时会在校园内有所反映，可能是某些言论，也有可能是某些行为。作为高校的管理者，必须保持清醒的头脑和高度的政治敏锐性，坚定理想信念，不受不良网络文化的影响，营造充满正能量的校园文化氛围，永葆校园文化的先进性，造就有生命力的校园文化。

3. 创新大学校园文化培育的工作模式

“互联网 +”体现的是一种新的经济发展状态，它依靠互联网技术，可以将互联网与传统的产业，如农业、交通、医疗、金融等相结合，从而通过优化生产要素、重构商业模式、更新业务体系来实现经济的转型与升级。因此，高校管理者和建设者要利用互联网技术、运用互联网思维，将互联网与校园文化建设工作联系起来，对传统校园文化建设的工作模式进行改造、转型与升级。加强校园网络文化建设，将校园文化建设的重点向互联网转移，从工作结构、工作内容、工作形式等方面逐一调整，重构校园文化培育工作的新格局，打造新的校园文化建设工作体系，将“互联网 +”的开放性、时代性、创新性等特点与校园文化培育工作相结合，在制度上保证“互联网 +”时代背景下校园文化建设的安全，营造积极向上的校园文化氛围。

4. 完善校园网络基础设施，加快网络信息平台建设

网络等基础设施是在“互联网 +”背景下开展校园文化建设的基础与前提，要在教室、宿舍等公共场所实现 Wi–Fi 全面覆盖，为开展校园文化建设奠定坚实的网络基础。当前，高校校园网是很多学校用来服务教师、大学生的一个平台，在校园网内可以了解当前学校的动态、新闻，一些办公业务也可以在校园网内进行处理。随着网络技术的发展以及移动终端的流行，很多人习惯在

移动终端如手机、平板电脑等接收、处理信息。因此，要加快校园网络信息平台的建设，满足新时代师生的需求，在校园网建设上要与时俱进，充分利用新媒体的优势，搭建一个新媒体宣传平台，比如说开发一款校园网 App 或者在微信等聊天软件中创建一个公众号，方便大家及时了解学校的动态。要充分利用好“互联网 +”的开放性、包容性等特点，利用网络的优势，在学校范围内加强各个部门与大学生之间的交流，实时掌握他们的思想动态，传播积极向上的内容。

5. 注重“互联网 +”校园文化培育工作的精神引导

精神文化培育是大学校园文化培育工作的重中之重，发挥着重要的作用。精神文化建设是当前很多高校校园文化建设的薄弱环节，容易被忽视。“互联网 +”的快速发展是一把“双刃剑”，它改变了人们接收信息、传递信息的方式，使人们方便快捷地获取各种信息与资源，但同时也充斥着大量的负面信息。各种信息传播的平台、软件影响着大学生的生活、学习，传播的内容包括政治、经济、社会、道德、科技等方面，这些都在潜移默化中影响着大学生的世界观、人生观、价值观。而在大学阶段，大学生的思想还未完全成熟，对社会的了解有限，这无疑会给大学生带来思想上的诱惑、困惑。因此，高校校园文化建设中要着重对大学生的思想进行引导，帮助他们树立正确的世界观、人生观、价值观，要创新高校思想政治教育的内容，教会大学生如何正确判断网络上的信息，倡导正确的网络观、媒体观，同时加强他们的理想信念教育，培育社会主义核心价值观。

6. 建立分工明确的专业团队，引导和创新校园文化

高校需要组建工作团队、创作团队、发声团队、大数据团队等不同的团队，分类招募和管理，引导和创新校园文化。工作团队负责热门话题的收集、筛选和迅速反应、创意策划，要对话题具有敏锐性，能把握住基本的立场和方向，善于接受新事物；要建立社群，进行社群运营，加强与群内成员的互动交流，收集他们的需求与建议，从而使校园文化不断推陈出新，更加丰富，具有更广泛的认知度。创作团队负责原创文章、原创产品的创作，要不断推出有原创性、创新性的作品，形成强大的文化攻势，武装青年大学生的头脑。发声团队负责引领话题、吸引粉丝，要招募和培养话题领头人等，通过他们的影响力去带动和感染普通青年大学生。大数据团队负责通过互联网实现对在校大学生的大数据采集，通过大数据分析进行个性化的分类推送等。当然，大数据的功

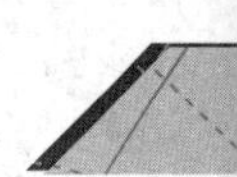

能还可以进一步开发，但是我们要根据时下的趋势，科学、合理地进行。

7. 建立健全高校网络舆情监测系

要利用“互联网+”的优势，高校应建立一支科学管理、分工明确的网络舆情监测队伍。面对网络舆情紧急情况时，各个部门要互相协调、通力合作、整合资源，从而有效化解危机。要密切关注校园网、重点网站、新媒体等各大网络平台上的言论与动态，从而构建校园网络安全防控体系。构建宣传教育的机制，占领网络宣传与教育阵地，从而传播社会正能量，构建引导干预的机制，及时关注校园网络动态，进行积极主动的引导与干预，构建甄别分析的机制与自我管理的机制。大学生要理性分析、判断与甄别，加强自我管理与自我修养，要为自己的行为负责，从而为良好的校园舆情贡献自己的力量。

（四）“互联网+”背景下开展大学校园文化建设的重要意义

大学校园文化是指在办学过程中，为了更好地促进大学生的心理和身体的健康与成长，提高大学师生的文化素质、道德品质、审美情操、思想素质，实现大学教育的发展要求，在高校师生的共同努力下，在教学、科研与学习过程中形成的物质文化、制度文化、精神文化、行为文化的集合体。在“互联网+”背景下对大学生进行大学校园文化建设的培育具有重要的意义，主要体现在以下三个方面。

1. “互联网+”为大学校园文化建设注入了新的理念

“互联网+”是社会经济发展中的一种新形态，这种形态呈现出“网状遍布”的态势。互联网影响着社会生活的各个方面，在大学校园中更是以一种直观的文化价值形态进行展示。“互联网+”强调开放、包容、共赢、合作，在“互联网+”背景下，开展大学校园文化建设要结合高校自身的特点，融入“互联网+”的特点，适应时代发展的潮流。传统的校园文化建设强调学校的文化精神，而“互联网+”背景下的校园文化建设应该强调互联网思维，注重融合、连接、人文的文化特征，突破学校“围墙”，才能更好地融入社会。

2. “互联网+”为大学校园文化建设拓展了新的内容

校园文化建设是高校进行文化教育的重要方面，是培养大学生树立正确的价值观、世界观以及形成创新精神、创新意识的重要手段与途径。传统的校园文化建设主要包括制度文化、物质文化、精神文化、行为文化等方面，“互联网+”背景下，拓展了校园文化建设的内容。“互联网+”时代不仅对人才的培养与教育提出了新的要求，还开拓了视野，改变了接收信息、传递信息的方式，改变了消费习惯、生活习惯。在“互联网 +”背景下开展大学校园文化建设，有诸多可以研究的方面与内容。

3.“互联网 +” 为大学校园文化建设激发了新的活力

“互联网 +”的到来，让大学校园文化建设进入了春天，打破了校园“围墙”，使得高校这样一个“小社会”更好地融入“地球村”，形成了一个“大社会”的环境。在该环境下消除了地域的差距，使人与人之间的交流更加顺畅，交流的平台与方式越来越丰富与多样。在这个过程中，高校将“互联网 +”融入大学校园文化建设中，丰富了校园文化建设的内涵，使之更具活力。

第二节　“互联网 +”时代下社会主义核心价值观融入大学生创新创业教育

一、“互联网 +”与践行社会主义核心价值观

伴随着 2015 年“互联网 +”上升为国家战略，互联网作为一种新的生产力以惊人的速度改变着社会生活的形态，也显著影响着大学生思想政治教育工作。社会主义核心价值观是中国特色社会主义文化建设的新指向，是高校有效推进马克思主义理论教育与中国特色社会主义信仰教育的重要内容。为了改变当前高校思想政治理论课教学效果不佳的局面，高校应该积极引进“互联网 + 教育”的教学理念，积极构建基于网络平台的社会主义核心价值观教育的生态圈，有效推进高校社会主义核心价值观的培育和践行，不断提升大学生中国特色社会主义的道路自信、理论自信、制度自信、文化自信。在结合社会主义核心价值观网络教学平台的理论探索与实践探索的基础上，高校以教学、教师和大学生为切入点积极探讨“互联网 + 核心价值观”教学的新模式。

（一）“互联网 + 教学”：重构社会主义核心价值观的网络教学的生态系统

社会主义核心价值观教学体系是涵盖教学内容、教学方法、教学环境、教学过程和教学评价等复杂而系统的生态教学体系。与传统课堂教学模式不同，“互联网 + 教学”并不是简单地将教学体系复制到网络平台上，而是依托互联网技术重构和优化社会主义核心价值观的教学生态系统，实现教学内容、教学

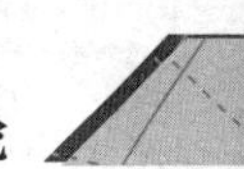

方法、教学环境、教学过程和教学评价等环节的互联网化。

1. 重构“互联网 + 教学”的教学体系

在“互联网 + 教学”的平台上，任课教师要打破以往的教学生态系统，以互联网思维融合现有的普通知识教育模式、内容和方法甚至整个教育体系，革新现代教育理念和现代政治教育观念。基于互联网技术和大学生接受知识的新习惯重新编排教学内容，或者是从国家、社会和个人三个层面深入讲解，或者是从基本含义着手，通过一个个小知识点的系统讲解，适时穿插既契合教学内容又贴近大学生实际的案例、视频、习题和互动，实现以点带面、以面提点、点面结合、相得益彰的效果。要从微观和宏观两个视角保质保量地完成社会主义核心价值观理论知识的传授和理想信念的传承，打造一个基于互联网技术的开放创新的价值观教育生态。

2. 优化“互联网 + 教学”的教学过程

社会主义核心价值观网络教学过程是一个长期复杂的系统过程，教师需要在开放的状态下对教学过程进行科学管理和有效监督。以往的教学过程过于封闭，基本上是“教师—学生”以单向度为主或不对称的双向度的教学模式。在“互联网 + 教学”的新模式下，可以打破原有体制下的知识垄断局限，通过优质资源共建共享的方式降低学习成本，提高价值观教育的学习效率。在社会主义核心价值观教学过程中，从教学内容的设计、教学方法的运用、互动环节的形式到习题考核的力度，都要做到紧贴教学实际、社会实际和大学生实际。要想实现对学习态度的监督、学习进度的把控、学习进程参与度的有效监管，就必须专门成立以任课教师、助教和学生代表为主的网络学习监管小组，确保价值观网络学习过程的持续性和有效性。

（二）规范“互联网 + 教学”的教学评价

教学评价是衡量每门课程教学效果的有效方式，对于规范课堂教学过程、提升教学效果具有重要的激励作用。网络教学过程是一个相对开放而宽松的教学环境，制定科学合理的教学评价机制成为关乎网络教学效果的关键性因素。因此，社会主义核心价值观的网络教学过程应该积极构建“三方评价”的长效机制，即学生评价、同行评价和校方评价的有效统一。有条件的学校还可以引入第四方评价，即有资质的社会评价，避免由于单一方面的评价带来的不客观、不公正的问题。此外，还要积极采纳各个参与群体的合理建议，形成教学革新催生教学评价，以教学评价带动教学革新的良性循环。

（三）“互联网 + 教师”：提升任课教师核心价值观网络教学的信息技术素养

与传统教学平台不同，以“技术 + 教学”为核心的“互联网 + 教育”并不是弱化教师的主导地位，而是强化教师的教学驾驭能力和课堂把控能力。教学效果好坏的关键在于教师的现代信息技术水平，这就要求教师具有高度敏锐的信息意识、端正的信息态度、娴熟的信息技术和处理信息的综合能力。教师作为“互联网 + 教育”的主导者和管理者，在教学过程中的主导力、执行力和感染力尤为重要，不仅要体现任课教师的有效监管和全程参与，还要凸显出信息化时代教学平台的开放式教学和过程化教学的新特色。为此，要从以下三个方面提升教师的适应力。

1. 提升教师的技术素养

在“互联网 + 教育”时代，并不是原有的“教师 +PPT”教学模式的网络呈现，而是以网络平台为技术支撑，形成社会主义核心价值观教学、考试、评价一体化的新式生态系统。这样一来，对教师的信息技术素养就有了更高的要求，教师要熟练掌握互联网教学平台的操作技术，要有效实现教学内容的网络化和技术化，主要涉及系统点名、平台管理、过程考核和教学评价等诸多环节。教师要不断拓展社会主义核心价值观网络教学平台，要不断学习和确立新技术和新理念。

2. 强化教师的教学技能

网络教学生态自然不同于传统的课堂教学生态，关键在于有效实现课堂教学体系向网络教学体系的转化。在教学生态系统的转化过程中，任课教师要适应社会主义核心价值观网络教学的新挑战，包括教学大纲的制定、教学内容的优化、教学案例的选取、考核方式的选取和教学效果的评价等，这些都对任课教师的教学技能提出了全新的挑战。因此，任课教师要通过技能培训和专家指导的方式，明确社会主义核心价值观的教学目的，以专业技能与技术优势为保障，实现课堂教学体系向网络教学体系的转化。

3. 优化教师的录课能力

“互联网 + 教育”的核心层面就是教师录课水平，以视频教学的全新方式不断优化教学内容，增强师生间互动的便捷性和即时性。当然，并不是每一个教师都能胜任录课任务，要选出教学效果突出的教师担任主讲教师。以精选教学内容、优化教学脚本和提高录课能力为突破点录制教学内容，并制作出一系

列 8 ～ 10 分钟的新颖而精悍的教学小视频，实现社会主义核心价值观网络教学的系统化和网络化。

当然，“互联网 + 教师”要突出相关教师的专业技能和技术素养，形成以技术团队和教学团队为主的两股教学力量，以社会主义核心价值观网络教学平台为核心形成教学合力，优化价值观的教学内容，强化实践导向，为大学生的成长成才提供价值导向和实践素养。

（四）“互联网 + 学生”：坚定大学生社会主义核心价值观的理论自觉与实践自信

现阶段，大学生获取信息与知识的方式日益网络化，青年人习惯通过各种新媒体平台与他人沟通互动，了解外部信息，且价值观念日益多样化和复杂化。因此，以多样化的教育方式来坚定大学生社会主义理想信念尤为重要。

1. 以契合大学生的学习方式为特色

在“互联网 +”时代，大学生获取信息的方式日益多样化，传统媒体、新媒体和自媒体成为大学生获取知识的重要方式，特别是新媒体和自媒体成为大学生获取信息的主要途径。“互联网 + 教育”无疑有效契合了当代大学生的学习方式，这种教学方式有利于激发大学生的认同感和参与感。在社会主义核心价值观网络教学平台上，以案例、视频、图片和文本为特点的集声、光、化、电于一体的教学新模式，更易于获得广大青年的青睐，吸引大学生积极参与社会主义核心价值观的网络教学过程。

2. 以引导大学生的有效参与为关键

面对大学生学习主动性不够的问题，如何有效提高他们的学习动力尤为关键。社会主义核心价值观网络教学实际上是一个师生双向交流的过程，有利于构建师生间的双向沟通机制，教学效果很大程度上取决于大学生的参与情况。因此，“互联网 + 教育”要开发出形式多样的教学资源来吸引大学生的主动参与，教学平台要以社会热点问题、大学生关注的焦点、视频图片资料和最新互动话题为抓手，增强任课教师的答疑解惑能力，引导大学生树立正确的价值观，使他们成为中国特色社会主义事业的建设者和接班人。

3. 以提高大学生的创新创业素养为导向

社会主义核心价值观网络教学并不仅仅是理想信念教育，在教学内容中还蕴含着更为深刻的创新创业教育。网络教学平台是实现社会主义核心价值观的网络教学生态体系向实践教学生态体系和信仰教学生态体系的转变，在教学平台中通过创新创业虚拟平台的建设、大学生创新创业杯赛的承办、大学生创新创业讨论区的开辟和创新创业技能的培训与讲座等网络教学环节，结合创新创业的实体教学基地，在社会主义核心价值观的引领下，不断提升当代大学生的创新创业素养和技能。

在“互联网 + 教育”时代，以互联网、云平台和大数据等信息技术与教育的有效融合为特色，营造一个开放式的创新平台，构建教师、学生、家长和社会有效沟通的新渠道。在网络教学新平台建构过程中，以加强党的领导为核心，以掌握信息技术的专门人才为关键，以教师为主导，以学生为主体，以制度与安全为保障，实现广泛参与、资源共享和合作。

二、“互联网 +”背景下大学生创业现状分析

大学生自主创业 70% 以上与互联网相关，其中电子商务是大学毕业生半年内自主创业最集中的行业。《2016 年中国大学生就业报告》显示，大学生在毕业时创业，三年后创业存活的比例约为 1%。从上述数据可知，一方面大学生自主创业的意愿有加强的趋势，越来越多的大学生愿意加入自主创业的队伍中，而互联网为大学生自主创业提供了充足的发展空间，但另一方面也要看到大学生自主创业的难度和低存活率。概括而言，大学生在“互联网 +”环境下创业，目前主要存在以下三个方面的问题。

（一）大学生创业资金短缺，规划能力不足

创业前期通常需要充足的资金支持，大部分创业大学生经济尚未独立，自筹资金有限，经济基础薄弱，在创业初期很容易因为资金链断裂而导致创业失败。另外，由于部分大学生缺乏专业的理财能力与合理的资金规划使用能力，在创业过程中很容易因为缺少统筹规划而出现创业资金不能合理使用，甚至浪费的现象。因此，创业资金的短缺与统筹规划能力的不足成为制约大学生初次创业成功的瓶颈与阻力。

（二）大学生创业知识欠缺，创业经验不足

创业成功通常需要系统的专业知识和良好的操作经验作为基础。在“互联网 +”背景下进行创业，创业者通常需要网络技术、网络营销、资本运营、市场推广、人员管理、风险评估等诸多系统的专业知识与丰富的操作经验。但实际情况是，大部分准备创业的大学生通常自身专业领域的理论知识较为丰富，而创业所需的其他专业领域知识则较为匮乏。另外，由于缺乏互联网创业的实

战经验，不能够未雨绸缪，当上述的某一环节出现严重问题时，往往由于缺乏有效的应对措施及足够的心理应对能力，而导致大学生创业中途失败。

（三）针对大学生创业的精准扶持政策不足

我国政府目前对大学生创业活动高度重视，也相继出台了一系列的政策扶持大学生自主创业。但在实际的政策落实过程中，由于各级政府职能部门制定的创业扶持政策往往不同，针对大学生创业的扶持政策宣传力度不足，导致大学生创业者通常对扶持政策缺乏准确的解读，降低了创业扶持政策的针对性与高效性。另外，在“互联网 +”大背景下，政府网络化公共服务平台建设的不完善，容易使大学生创业者错失诸多宝贵的网络创业资源。上述原因使得现有的许多创业扶持政策难以实现对大学生创业的精准扶持。

三、“互联网 +”创业面临的机遇与挑战

（一）“互联网 +”创业面临的机遇

随着“互联网 +”经济模式的推广应用，使得产业信息交流便捷，推动了传统产业向互联网新兴产业转化，增强了企业活力和产品竞争力，推动了产业持续发展。“互联网 +”技术的快速推进，造就了大量创新创业的机会，为国家经济发展赋能。

1.“互联网 +”为大学生提供了创业新选择

互联网传播信息没有时间、地理位置限制，使得一些传统行业因为信息闭塞而不能解决交易的问题。新兴互联网技术的发展应用促使传统行业进行产业结构升级，为大学生创新创业选择提供了更广泛的平台。政府组织建立了包含工业、农产品等“互联网 +”服务平台，例如，木材网、生猪网等的诞生，使得原本产品消息盲区的买卖双方及时沟通达成交易。基于“互联网 +”经济的共享共赢模式，为大学生创新创业提供了更多的选择平台。

2. 在互联网环境下兴起共同创新创业的模式

在互联网环境下，每一位用户都是信息的输入、输出和创造者，在互联网平台，众多志同道合的人可以会聚一起共享信息，使得创业者不再是独立奋斗，产业生产经营资源共享，使得共同创新创业的模式兴起。产业链各环节共同经营，在互联网环境下构建线上线下共同管理模式，商业产品之间的连接促进产业更具创新性。“互联网 +”经济模式与传统行业融合产生有价值的“化学反应”，为大学生创新创业带来可行性操作空间。例如，大学生可以通过自己

擅长的方向，总结行业信息，公众号开设推广，在自媒体平台做新媒体人等。大批新兴的互联网产业为大学生创新创业提供了创业思路，使得市场经济创业模式多样化，使优秀创业团队的创新产品项目实现零成本创业。由于联合创业模式大大提高了创业空间，降低了创业难度，不仅吸引了更多的大学生借助互联网平台进行创新创业，还为大学生提供了创业资源共享的优质服务，提高了大学生创新创业的可行性。

3. 政府扶持政策推动创新创业发展

政府出台“大众创业、万众创新”激励创新创业政策，推进简政放权、中小企业专项资金、税费减免、跟踪扶持等，目的是促进国家经济发展，促使传统行业进行产业升级，提高企业市场竞争力。国家出台的一系列政策涉及社会市场、高等教育等方面，通过精准指导创业，培养创新创业人才，营造创业者敢创业、能创业、创得成业的社会氛围。大学生作为社会的先进集体，更具创新创业热情。

4. 大学生创新创业教育的推广力度不断加大

大学生拥有更加跳跃的思维和更灵活的想法，在校期间是培养创新能力的一个重要阶段。如今，高校中处处充斥着创新创业意识的萌芽，大学生逐渐成为我国创新创业的主要力量。这说明现在我国已经有了良好的创新创业环境和足够大学生创业项目选择的范围，有了这些保障，高校大学生参与创新创业的趋势日渐强烈、创业热情高涨。

培养出更多能吃苦耐劳、拥有创新精神、懂得团结一致、能肩负起民族振兴大任的新青年，是当今我国高等教育极具时代意义的紧急课题。这是我国高等教育创新发展的必经之路，也是对高等学校的客观要求，要积极促进发展战略，办好让人民满意的教育。

社会的发展带来了创新创业教育的新面貌，形成了众多有创新精神、有担当意识的创新创业人才，同时也积累了许多可复制、可延续的人才培养经验。现如今，创新创业教育已成为每一位高校大学生的必修课程，包含课程、师资力量、教材案例资源库等系统教育体系日渐完善，并得到了各高校的普遍青睐。

5. 创业门槛低

“互联网 +”背景下创新创业对大学生的具体学历、工作经验以及专业知识掌握等方面没有过多的要求，创业人员可以通过专业系统的培训或者自己的研

究摸索来掌握关于经营的诀窍，同时提高自己的能力，基本不受原有专业知识以及自身的技能储备等方面的限制，与其他创业方式相比此创业方式门槛低的优势体现得颇为明显。

6. 迎来了大学生创新创业的红利

一些地方政府出台了相应的创新创业政策，包括减免大学生创新创业的财税，享受孵化优惠（如水电费减免、优惠的法务问题咨询、培训交流会），专项资金扶持等红利；高校为鼓励大学生创新创业，做了很多工作，包括创立大学生创新创业中心、提供场地供创新创业团队使用、设立了面向校园内大学生的专项创新创业扶持基金等便利措施；创投圈出现了创投机构与私人天使投资者，发掘并孵化可靠的创新创业项目方便大学生更加便捷地获取资金投资。应当说，身处“互联网 +”时代的大学生进行创新创业项目时，或多或少可以享受到各种政策性红利，前景也更加广阔。

（二）“互联网 +”背景下大学生创新创业面临的挑战

1. 互联网信息技术急速更新威胁

对于大学生创新创业者而言，利用“互联网 +”等新一代信息技术与传统行业进行结合必须拥有一定的技术基础，如经营网店、建设网站、开发应用软件等。现阶段，在校大学生和毕业生创新创业时，虽然借助了“互联网 +”这一新技术手段，但大多数项目还是集中在低附加值项目的流通服务业，并没有真正发挥新技术优势。在互联网信息技术急速更新发展的时代，创新创业项目想要获得成功赢得市场，最根本的还是要有核心技术支撑的产品和服务。由于项目缺乏核心技术壁垒，很容易受到竞争对手的挤压，甚至被其模仿和超越。特别是新兴技术开发项目，面对强大的竞争对手，一旦技术更新满足不了用户需求，其项目随时可能被市场淘汰。

2. 大学生企业经营管理经验缺乏

通常大学生在走进社会之前，接受的教育都是课堂基础理论知识教育，理论联系实际的能力还不够。目前，社会上大学生创新创业的案例众多，由于欠缺对社会市场运行规律的掌握，在创业过程中遇到意料之外的情况时，很难镇定思考，容易在慌乱中做出错误的决定，无法正确处理企业经营中遇到的问题，缺乏管理经验使得创业走向失败。

大学生在选择创业项目时更多的是选择自己熟悉的方向，以及与大学生长期生活的环境相关，对创新创业的认知狭隘。同时，大学生创新创业更多的是始于创业热情，而没有明确的创业规模目标，对创业内容的市场、产品没有足够的考察，目光不够长远。中国企业联合会研究数据显示，中国企业平均寿命只有 3.7 年，中小企业更是仅有 2.5 年。[①] 大学生创新创业项目可想而知失败的概率很高。再者，“互联网 +”视角下大学生创新创业项目集中，增加了群体内部竞争，有 70% 的大学生创业者选择门槛较低的外卖行业，这直接导致了大学生的创业内容局限在了“互联网 +”经济空间中的一小块，造成大量创新创业资源得不到更好的安排。

3. 大学生创新创业缺少资源

大学生创新创业得不到社会资源的支持，社会关系网的缺乏使得大学生在经营企业时屡屡碰壁，“脑袋里有创业项目，手里没有资源”是高校毕业生创业顺利首要解决的问题。通常，刚毕业的大学生创业者根据自己在高校时参加的创新创业活动比赛和学校组织的创新创业指导课程进行自己的创业项目实施，没有意识到自己缺乏创业实践。另外，社会上为大学生提供的创业项目孵化基地、大学生创业中心运行不健全，使得大学生走出校门依然难以实现学校、企业、社会三方资源的有机衔接，不利于大学生创新创业。

四、“互联网 +”视角下大学生创新创业的策略

（一）政府应当加强宣传、加大资金投入

第一，政府层面应当加大宣传力度。对于高校大学生中家庭条件较差、家长职业差别较大而出现的大学生对创新创业工作关注度较低的现象，政府可以通过组织开展多种形式的政策宣传活动，帮助越来越多的大学生了解国家的相关政策，鼓励有想法、有能力的大学生走向创新创业道路。政府可以通过多种渠道如微信公众号、微博、网络宣传片等形式来扩大宣传范围，在社会中营造出一种良好的创新创业氛围，增强大学生创新创业的积极性。第二，政府要进一步加大创新创业工作资金的投入。要加大高校创新创业教育的经费以及投资力度，尤其是对创新创业项目落实、课程开发设计、师资培训等方面进行资金扶持。政府对于创新创业教育实施效果良好的高校应当进行一定的奖励，对于完成较好的高校应当予以资金上的奖励。此外，政府要加大对大学生个人的资金支持力度，可以在高校内成立大学生创新创业项目专项资金，鼓励大学生申

① 刘兴国．中国企业平均寿命为什么短[N]．经济日报，2016-06-01（9）．

请低息小额贷款，对大学生所提出的重点项目应当予以资金上的支持，有效地解决大学生创业过程中的经费瓶颈问题。

（二）提高大学生创业综合能力

由于事物具有两面性，“互联网+”时代的到来虽然给大学生带来了很多创新创业机会，但同时也面临众多创业问题挑战。大学生作为创业者，打铁还需自身硬，面对问题挑战还是要通过自我主动学习努力去克服。

1. 提高应对创业风险的心理素质

大学生步入社会就从事“互联网+”创新创业项目，缺乏实践经验，客观来说失败的风险是固然存在的，外界因素带来的风险也是不可控的，但是主观心理承受能力带来的失败风险是可以内化降低的。对于从事“互联网+”创新创业的大学生来说，具有坚强的意志力、吃苦耐劳的品质、勇于面对困难的拼搏精神都是必不可少的。

没有任何成功是可以复制的，更没有什么成功是一蹴而就的，大学生要稳定心态，坚守创业初心，砥砺奋斗。良好的抗压能力是大学生“互联网+”创新创业的基础，因此选择“互联网+”创新创业的高校大学生应当提前做好心理素质培养，抓好风险处置打算，有备无患。

2. 坚持“艺多不压身”原则

大学生需要对创业项目有足够的认知，创业成功不是单纯地靠天时、地利、人和，更多的是大学生自身方方面面的知识储备，增强硬实力。大学生应当充分利用大学学习环境，给自己创造更多的学习机会，加强自己创业项目技术学习，珍惜业余时间，给自己辅以公司法、工商管理等课程选修学习。“工欲善其事，必先利其器”，创业技能的打磨是在计划创业时就开始的，弥补创业实践经验不足的方式唯有提前学习。

3. 积极参加大学生“互联网+”创新创业实践活动

通常，高校举行的大学生创新创业比赛是基于理论思维的比拼，而创新创业实践活动才更贴近真实创业。在活动中，大学生可以整合主办方提供的创业资源，充分表现和锻炼自己的综合素质。大学生是国家“互联网+”创新创业计划的主要实施者，政策的扶持，互联网时代的机遇，需要高校整合资源为大学生创建接近现实的“互联网+”创新创业实践活动，突破传统教育模式，采用大学生直接参与实践的方式。例如，举办大学生创业项目比赛、校企创业项目比赛、“互联网+”创业项目孵化等。大学生参加这些实践活动可以充分利用互联网技术，在高校搭建的创新创业实践平台进行由理论到实践的转化。大学生走出校门进行创业之前，在学校搭建的实践平台进行锻炼，可以提升大学生“互联网 +”创新创业综合素质。

（三）培养大学生市场调研意识，确保创新创业方案的可行性

首先，注重培养大学生市场调研意识，通过科学的市场调研，了解市场环境及消费者的特点，才能进一步找准创新创业目标，制定出可行性的创新创业方案。要帮助大学生正确定位及认识自身优劣势和所具备的资源条件，全面了解竞争对手的长处和不足，选准合适的创新创业项目，而后确定有效的策略和实施方案，以达到最佳的创新创业效果；其次，引导大学生从满足特定消费需求出发，以提供个性化服务为特色，大胆创新，详细地制定出相应的策略和规划，以更具个性的方式提供对方需要的商品或服务。科学的市场调研分析才能找准正确的创新创业目标，正确的创新创业目标才能让创新创业活动顺利开展，继而激发大学生的创业热情和积极性，以最大的热情和专心投身于创新创业事业中。

（四）深化大学生互联网信息技术，增强团队成员协作合力

“互联网 +”时代决定了“高精尖”的技术要求与日新月异的更新速度，必须提高互联网信息技术应用能力才能有效应对创新创业发展要求。大学生进行“互联网 +”创新创业活动，不应该仅局限于对消费需求的追逐，更应该迎合互联网未来发展趋势力求技术创新带来突破，建立技术壁垒“护城河”。在掌握足够的互联网专业知识和技术的基础上，如大数据、云计算、物联网、移动互联、3D 打印等，还必须了解互联网和电子商务有关政策法律法规，掌握更广泛的财务会计、企业管理及人文知识，如此才能有效调动和利用互联网世界里的各种信息资源，为将来的创新创业成功奠定基础。大学生组建创新创业团队时，既要考虑项目方向的针对性与专业性，又要考虑团队成员的兼容性，达到技术手段过硬且风险防控到位。

（五）改善大学生创业的资金环境

对于准备毕业从事创新创业的大学生来说，考虑最多的应当就是资金问题。大学生“互联网 +”创新创业项目的启动资金的解决，受到越来越多的关注，需要社会、政府对大学生创业者辅以资金支持。例如，政府放宽大学生创业融资政策、提供贴息或者免息的小额贷款、社会天使投资专项基金的注入，

同时确保政策实施，政府应当对资金发放过程进行监督，解除有志创业大学生对启动资金的担忧。

（六）完善大学生创新创业的实践平台

创业不是纸上谈兵，从考察消费者市场到制订营销计划，都需要创业者亲力亲为。大学生欠缺的市场意识、管理经验和实践精神，应该由学校来负责补充。因此高校应该把重心放在对大学生实践能力的培养上，在开设课程和举办活动时注重考察大学生的动手能力、培养他们的实践精神，逐步完善大学生创新创业的实践平台。创新创业教育有别于传统教育，在授课时要激发大学生的创新活力，培养他们的创新型思维，注重实践活动的完成情况，因材施教，让他们在轻松愉快的环境中迸发出更多的灵感。同时，学校应该多多举办创新创业讲座、比赛等，搭建一个可以让大学生大显身手的平台，让他们从实践中获取经验。

（七）拓宽创新创业教育的思路

高校是当前创新型人才培养的主要基地，因此高校必须肩负起自身的责任，认识到社会的切实需要，为国家和社会培育出更多的创新型人才。高校应及时地拓宽创新创业教育的思路，深入贯彻落实国家的各种方针政策，将大学生创新创业教育改革工作落到实处，并且在全社会中营造出一种创新、和谐发展的文化氛围。在此基础上，高校教师也应当转变自身的观念，结合国家出台的相关政策了解大学生创新创业教育的主要意义与目的，同时摆正自己的教学态度，通过日常的教学过程来挖掘教育素材，引导大学生提高创新型的思维能力。从大学生的角度来说，更应当顺应时代发展的潮流，及时转变自己的学习观念，深刻地认识到大学生创新创业课程在自己日后发展过程中的重要作用，对相关的理论知识刻苦钻研，从而为自己的创新创业实践活动打下坚实的基础。

（八）创新高校教学方法和教学理念

高校创新创业教学模式的建立是需要多个学科、多个课程体系参与和融入的，包括经济学、管理学、法学以及教育学等方面的内容。所以，高校在课程设置方面应当积极创新教育理念和相关的教学方法，立足于社会的实际需要，在满足国家基本的培养要求之外根据不同年级、不同专业的学生开设有针对性的课程，可以通过体验式教学、影视教学、案例教学等方式进行，因材施教。

而在大学生的毕业论文设计、实习环节等环节也要融入创新创业的相关教学理念和方法，尤其是要进一步加强对创新园区场地、硬件设施的投入以及创业孵化基地的建设，从而为大学生创新创业教育提供强大的支持。例如，河南的某高等学校积极响应国家号召，在学院中增设了大学生创新创业基础、大学生创新思维训练、大学生职业生涯规划等必修课程，而且在不同的学院中还增设了风险投资管理、人力资源管理、网络营销等选修课程，从而为大学生创新创业活动提供了强有力的支持。除此之外，国内一些重点高校从自身的实际和专业出发，利用学校的区位优势创建出了符合自身特点的选修课程群，并且聘请了大量的知名学者、企业家和成功创业人士进行授课，针对大学生创业初期所存在的困惑和问题进行有针对性的解答。这种活动是对课程教学的有效补充，也进一步激发了大学生的兴趣，使他们能够对创新创业活动有更清晰的认识。

（九）建立网络创新创业教育平台

为了进一步满足不同大学生的创新创业教育需要，可以成立专门的大学生创新创业教育网络平台。这样大学生可以从自身的需求出发，随时随地查询自己所需要的信息，并且可以不断地尝试新的创新创业途径。“互联网 +”时代的到来，将全球范围内大学生创新创业教育的相关资源集中为一体，而且在该平台上可以将社会中的热点事件、政府的政策倾斜、大学生的经验总结、成功案例等内容综合在一起，便于大学生快速、精确地查询各类信息。对于高校的在读大学生而言，该平台的成立不仅仅是各类创业创新信息的分享，更是对大学生创业活动的一种支持。而网络教育平台的上线可以进一步拓宽大学生的学习资源，他们可以根据自己的个性需求来选择喜欢的内容，并且可以深入开展学习与交流。同时，对于书本上学习不到的知识，可以在该网络平台上得到补充。

（十）有效利用网络资源

高校应当充分发挥自身的资源优势，本着资源利用率最大化、资源服务扩大化的原则，将校内以及高校之间的力量充分调动起来，对高校中各类应用资源进行整合与优化，从而在高校内建立起创新创业系统平台，将各类数据资金囊括其中，从而为大学生开展创新创业活动提供良好的支持。例如，某“211”高校结合自身已经具有的学生公寓科技活动室、课外科技活动中心等硬件设施，按照国家的标准要求在校内广泛开展电子设计竞赛、创新大赛，并且依托自身优势建立起大学生创新创业教育系统平台，保证高校内部各个模块能够正常、高效地运转，从而推动大学生创新创业教育工作顺利开展。

（十一）转变家庭观念，营造创新创业的家庭氛围

每一位大学生都代表着一个家庭，大学生创新创业活动的开展离不开背后家庭的支持。但是就目前的研究现状来看，相当一部分家庭由于经济状况以及家长的文化程度之间存在着差异，致使一些家长对大学生的创新创业工作存在着一定的认知误区。大多数家庭还是认为子女毕业之后找一个“铁饭碗”的工作更为稳妥，大多数家庭对大学生的创业活动报以怀疑和否定的态度。所以，应当引导家长树立创新创业的观念，了解当前的世界，改变传统的思维观念，扭转传统的思维模式，接受先进的创新理念，从自己的观念和行动上来支持子女进行创业活动。同时，家长要为子女营造一种更加宽容、轻松的家庭氛围，给予子女更多的选择空间和话语权，在家庭内部形成良好的沟通，若子女有强烈的创业愿望，家长应当鼎力支持，充分尊重子女的意愿。

（十二）社会应当鼓励大学生创新创业

从目前的社会发展情况来看，社会鼓励大学生创新创业活动依然处于初级阶段，社会创新创业的氛围并不是太浓厚。首先，在社会中应当加强创新创业理念的引导，在万众创新趋势的引导下，社会各界应当把大学生创新创业活动看作社会的一种常态化选择，应当理性看待大学生的创新创业活动，对于年轻人的创新激情应当给予尊重与理解。其次，在社会宣传中可以借助新媒体来展示国内高校大学生创新创业的成功案例，从而扭转社会各界对大学生创新创业活动的认知。同时，社会各界对于创业失败者应当理解和宽容。最后，还应当加强社会资金的支持。

参考文献

[1] 张晓蕊，马晓娣，岳志春 . 大学生创业基础 [M]. 北京：北京理工大学出版社，2019.

[2] 谭书敏，张春和 . 互联网 + 大学生创新创业教育概论 [M]. 成都：电子科技大学出版社，2018.

[3] 胡小坤 . 大学生创业教育研究 [M]. 南宁：广西科学技术出版社，2016.

[4] 程书强，唐光海 . 互联网创业基础 [M]. 北京：北京理工大学出版社，2016.

[5] 颜廷丽 ."互联网 +"背景下大学生创新创业能力培养研究 [M]. 北京：北京理工大学出版社，2020.

[6] 杜永红 . 大学生网络创新创业教育 [M]. 北京：北京理工大学出版社，2016.

[7] 裴琦 . 众创时代互联网 + 创业 [M]. 广州：华南理工大学出版社，2016.

[8] 李学东，顾海川，刘万兆，等 . 创新创业管理 [M]. 北京：北京邮电大学出版社，2017.

[9] 黄昕，王江生，姚茂华 . 民族地区大学生创新创业教育实务 [M]. 成都：西南交通大学出版社，2016.

[10] 王小锋 . 创新筑梦　创业远航：从思维创新到实践创业 [M]. 上海：上海交通大学出版社，2018.

[11] 杨彦栋，高广胜，王亚丽 . 创新创业基础教程 [M]. 长春：吉林人民出版社，2019.

[12] 李乐，郑栋之，聂强 . 大学生创新创业基础教程 [M]. 成都：电子科技大学出版社，2016.

[13] 朱楠，王硕鹏 . 基于"互联网 + 大数据"的高校就业信息化建设 [M]. 长春：吉林人民出版社，2018.

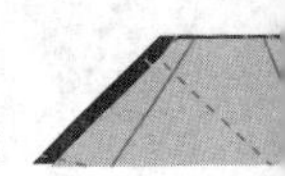

[14] 中共重庆市委组织部，重庆市人力资源和社会保障局 . 互联网 + 公共服务创新 [M]. 重庆：重庆大学出版社，2017.

[15] 周建松，郭福春，张鹏超，等 . 2016 高职素质教育学术论坛优秀论文集 [M]. 杭州：浙江工商大学出版社，2018.

[16] 蒋雯，张晓芳，朱甜甜，等 . 创新创业实践与能力开发 [M]. 上海：上海财经大学出版社，2017.

[17] 戴丽红，潘光林，陈智勇 . 当代大学生思想政治教育创新探索 [M]. 成都：电子科技大学出版社，2016.

[18] 王兆明，顾坤华 . 大学生就业创业实务（修订版）[M]. 苏州：苏州大学出版社，2017.

[19] 汪福秀，张洪峰，曾昭海，等 . 大学生就业与创业指导 [M]. 北京：中国言实出版社，2016.

[20] 中山市人力资源和社会保障局，中山市教育和体育局 . 创新创业基础 [M]. 广州：广东人民出版社，2018.

[21] 苏白茹 . 大学生创新创业基础 [M]. 厦门：厦门大学出版社，2019.

[22] 侯力红，姬春林 . 互联网 + 大学生创新创业教育研究 [M]. 北京：科学技术文献出版社，2017.

[23] 连银岭 . 大学生创新创业教育 [M]. 北京：北京理工大学出版社，2018.

[24] 陈审声 . 基于“互联网 +”视角下的大学生创新创业教育 [M]. 北京：冶金工业出版社，2019.

[25] 刘晓莹，杨诗源 . “互联网 +”时代艺术类大学生创新创业基础教程 [M]. 厦门：厦门大学出版社，2019.

[26] 杜鹏举，罗芳 . 大学生创新创业基础 [M]. 北京：中国铁道出版社，2018.

[27] 吕爽 . 创业基础（第 2 版）[M]. 北京：中国铁道出版社，2018.

[28] 任军，王清，郭超 . 大学生创业基础 [M]. 北京：北京邮电大学出版社，2017.

[29] 林晓丹，吕聪玲 . 基于社会主义核心价值观的大学生创新创业教育指导研究 [M]. 北京：中国铁道出版社，2018.

[30] 初宇平，刘万兆，李学东 . 大学生创业管理 [M]. 北京：北京邮电大学出版社，2015.

[31] 谭文全 . 转型期大学生核心价值观培育研究 [M]. 北京：北京理工大学出版社，2018.
[32] 常丹 . 基于校园文化建设的大学生社会主义核心价值观培育研究 [M]. 长春：吉林人民出版社，2016.
[33] 赵爱玲 . 当代大学生核心价值观培育若干热点难点问题研究 [M]. 武汉：武汉大学出版社，2016.
[34] 邵彩玲，刘欢，李佳哲 . 新时代大学生社会主义核心价值观立体化培育研究 [M]. 北京：知识产权出版社，2020.
[35] 周颖 . 新时代大学生社会主义核心价值观培育创新研究 [M]. 北京：中国书籍出版社，2019.
[36] 胡吉芬 . 现状反思与路径探索：高职高专院校大学生社会主义核心价值观培育与践行研究 [M]. 南京：东南大学出版社，2018.
[37] 杜晶波，张慧欣 . 大学生社会主义核心价值观培育路径研究 [M]. 沈阳：东北大学出版社，2014.
[38] 李纪岩 . 当代大学生社会主义核心价值观培育研究 [M]. 济南：山东人民出版社，2013.
[39] 田欢 . 移动互联网环境下大学生社会主义核心价值观培育路径研究 [D]. 遵义：遵义医科大学，2021.
[40] 曹晋 . 新媒体背景下大学生创业价值观培育研究 [D]. 长春：长春理工大学，2020.
[41] 芦晨 . 高校大学生社会主义核心价值观培育与创新创业教育融合路径研究 [D]. 桂林：桂林电子科技大学，2020.
[42] 王东明 . 当代大学生创业教育研究 [D]. 哈尔滨：哈尔滨师范大学，2020.
[43] 王艺昊 . 当代大学生创新创业思想教育研究 [D]. 重庆：重庆交通大学，2019.
[44] 隋芳莉 . 高校社会主义核心价值观教育评价研究 [D]. 哈尔滨：哈尔滨工程大学，2019.
[45] 王晖 . 当代中国高等学校学生工作创新发展与实践研究 [D]. 南京：南京航空航天大学，2018.
[46] 屈静 . “互联网 +” 高职生创新创业能力培养策略研究 [D]. 苏州：苏州大学，

2018.
[47] 张婷 .“互联网 +”时代大学生创业思想培育研究 [D]. 长沙：长沙理工大学，2018.
[48] 黄燕婷 . 互联网时代大学生社会主义核心价值观培育研究 [D]. 南宁：广西民族大学，2018.
[49] 钱烨 . 新时代大学生社会主义核心价值观培育研究 [D]. 南京：南京林业大学，2020.
[50] 陈阳阳 . 立德树人视阈下高校校园文化建设研究 [D]. 西安：西安理工大学，2020.
[51] 杨晓平 . 网络文化视域下大学生思想政治工作创新研究 [D]. 青岛：山东科技大学，2020.
[52] 燕永敏 . 新时代大学生审美价值观培育研究 [D]. 石家庄：石家庄铁道大学，2020.
[53] 王楠 . 互联网时代大学生创业心理资本影响因素及提升策略研究 [D]. 北京：北京邮电大学，2020.
[54] 林敬平 . 大学生社会主义核心价值观知行转化及其机制研究 [D]. 福州：福建师范大学，2020.
[55] 任伟 . 新时代大学生职业理想培育研究 [D]. 长春：长春理工大学，2020.
[56] 贾兆帅 . 习近平总书记关于青年工作的重要思想研究 [D]. 成都：西南交通大学，2019.
[57] 张慧 . 习近平青年观研究 [D]. 长春：吉林大学，2019.
[58] 邓宇 . 思想政治教育与互联网融合发展研究 [D]. 长春：东北师范大学，2019.
[59] 刘洪翔 . 促进创造力培养的大学生学业评价研究 [D]. 长沙：湖南师范大学，2019.
[60] 刘旭 . 社会主义核心价值观话语体系建设研究 [D]. 济南：山东师范大学，2019.
[61] 林育华 .“互联网 +”时代高校社会主义核心价值观培育研究 [D]. 深圳：深圳大学，2019.
[62] 李航 . 思想政治教育视野下大学生工匠精神培育研究 [D]. 大理：大理大学，

2019.

[63] 许传琼 . 供给侧改革视域下高校社会主义核心价值观教育研究 [D]. 重庆：重庆交通大学，2019.

[64] 韩俊芳 . 网络文化下大学生价值观培育的策略研究 [D]. 新乡：河南师范大学，2019.

[65] 刘真真 . 以互联网思维推进大学生社会主义核心价值观培育研究 [D]. 新乡：河南师范大学，2019.

[66] 阙帆 . "互联网 +" 背景下大学生社会主义核心价值观教育研究 [D]. 武汉：武汉工程大学，2019.

[67] 樊凯 . 高校网络思想政治教育平台系统研究 [D]. 北京：中国矿业大学（北京），2019.

[68] 申雪 . 思想政治教育视阈下大学生职业价值观教育认同研究 [D]. 重庆：重庆工商大学，2019.

[69] 阳作林 . 高校辅导员意识形态工作能力研究 [D]. 重庆：西南大学，2018.

[70] 侯莲梅 . 新时代大学生中国精神培育研究 [D]. 成都：电子科技大学，2018.

[71] 曾丹 . 社会主义核心价值观融入大学生创业伦理培育全过程研究 [D]. 长春：东北师范大学，2018.

[72] 潘勇涛 . 文化视角下我国高校创业教育体系构建研究 [D]. 南京：东南大学，2018.